O CÓDIGO DA PERSONALIDADE

Travis Bradberry

O CÓDIGO DA PERSONALIDADE

Conheça seus talentos e suas dificuldades, compreenda as pessoas com quem convive e aprenda a se relacionar melhor

SEXTANTE

Publicado mediante acordo com G. P. Putnam's Sons,
um membro da Penguin Group (USA) INC.

tradução
Fabiano Morais

preparo de originais
Cristiane Pacanowski

revisão
Giuliana Alonso, Lara Alves, Rebeca Bolite e Tereza da Rocha

projeto gráfico e diagramação
Ilustrarte Design e Produção Editorial

capa
Marcelo Pereira / Tecnopop

impressão e acabamento
Yangraf Gráfica e Editora Ltda.

CIP-BRASIL. CATALOGAÇÃO-NA-FONTE
SINDICATO NACIONAL DOS EDITORES DE LIVROS, RJ

B79c Bradberry, Travis
O código da personalidade: conheça seus talentos e suas dificuldades, compreenda as pessoas com quem convive e aprenda a se relacionar melhor / Travis Bradberry [tradução de Fabiano Morais]. Rio de Janeiro: Sextante, 2010.
il.

Tradução de: The personality code
Apêndices
ISBN 978-85-7542-594-7

1. Personalidade. I. Título.

10-3445. CDD: 155.23
CDU: 159.923.3

GMT Editores Ltda.
Rua Voluntários da Pátria, 45 – Gr. 1.404 – Botafogo
22270-000 – Rio de Janeiro – RJ
Tel.: (21) 2538-4100 – Fax: (21) 2286-9244
E-mail: atendimento@esextante.com.br
www.sextante.com.br

Sumário

Introdução:
Separados após o nascimento

No fim de novembro de 1958, gêmeos idênticos recém-nascidos foram entregues a um orfanato numa ilha ao sul do Japão. Abandonada pelo pai das crianças, a mãe cometera suicídio após o nascimento dos bebês. Ela não conseguiu suportar a humilhação de ser mãe solteira. Alguns meses depois, Claude Patterson, um sargento da Força Aérea americana que estava servindo no Japão, soube da história dos bebês. Ele e a esposa tinham grandes esperanças de adotar uma criança que pudessem levar para casa quando voltassem aos Estados Unidos. Os Patterson se apaixonaram pelos meninos e solicitaram a adoção dos dois. Infelizmente, o orfanato permitiu que ficassem apenas com um, considerando que o mais velho já tinha sido prometido a outro casal. Forçados a escolher entre separar os gêmeos ou procurar outro orfanato, os Patterson decidiram adotar o mais novo. Claude e a mulher o criaram no interior do Kansas e deram a ele um nome muito comum naquele país: Tom. O mais velho também foi adotado por um casal americano, de Nova Jersey, que o chamou de Steve. Durante os 40 anos que se seguiram, Tom e Steve não tiveram contato algum entre si, pois nenhum deles imaginava que o irmão estava a seis estados de distância.

Cada um dos meninos cresceu sabendo que era uma das partes de um par idêntico, mas nenhuma das duas famílias tinha informações sobre o paradeiro do outro gêmeo. Durante a maior parte da vida, as buscas de Tom e Steve foram inúteis, uma vez que o orfanato japonês havia sido destruído por um incêndio logo depois de terem deixado o lugar. Seus caminhos finalmente se cruzaram em 30 de junho de 1999. Pouco tempo antes, Steve descobrira, por meio de um banco de dados on-line sobre adoção, que seu irmão gêmeo tinha sido adotado em 1958 por alguém cujo primeiro nome era Claude e o sobrenome, Patterson, Peterson ou Paulson. Steve mandou e-mails para todos que se enquadravam nesses critérios, mas não teve sorte. Então, enviou centenas de cartas – uma para cada Claude Patterson, Peterson ou Paulson cujo endereço conseguiu encontrar – pedindo informações sobre um gêmeo adotado no Japão em 1958. Uma dessas cartas chegou às mãos do sargento reformado Claude Patterson, que ainda morava no interior do Kansas, próximo do filho, Tom. Quando leu a carta, Claude mal pôde acreditar. Seria aquele o menino que fora obrigado a deixar para trás havia mais de 40 anos? Ele precisava descobrir. Foi direto para a casa do filho e eles ligaram para o telefone informado na correspondência. Menos de uma semana depois, Tom e Steve se conheceram no aeroporto de Filadélfia.

Ao se verem pela primeira vez, os dois homens musculosos, vestindo moletom vermelho, ficaram parados em silêncio por um instante, avaliando-se mutuamente. Ambos ficaram impressionados ao perceberem que eram idênticos. "Eu não conseguia acreditar que ele era igualzinho a mim", lembra-se Steve, "mas, quando o vi, eu... fiquei pasmo. Fiquei absolutamente pasmo. Até os nossos dentes, se você olhar para eles, vai ver que são separados no mesmíssimo lugar. Nossa semelhança é impressionante. É como olhar em um espelho."

Os gêmeos passaram os quatro dias seguintes juntos, tentando recuperar 40 anos de separação. Não demoraram muito a descobrir que tinham bem mais em comum do que a aparência. Durante as conversas, os dois tinham a mesma postura: a cabeça inclinada para a esquerda, a parte de cima do corpo retesada e as pernas acompanhando o ritmo de cada palavra. Apesar de terem sido criados em ambientes diferentes – Tom em um lar cristão numa cidadezinha do Kansas e Steve numa família budista em um distrito de Nova Jersey –, suas vidas tinham seguido caminhos muito semelhantes. Ambos haviam se casado com mulheres brancas, tinham dois filhos e deram um nome japonês ao primogênito e um americano ao caçula. Encontraram semelhanças inusitadas em tudo, desde a velocidade a que caminhavam até a maneira como organizavam a gaveta das meias. Essas semelhanças são convincentes, embora seja tentador classificá-las como fantásticas coincidências e desconsiderá-las. Somente quando passaram a conversar sobre suas carreiras perceberam que as semelhanças não paravam por aí. Como muitas outras pessoas, eram fanáticos por esportes na infância. Embora os dois tenham praticado várias modalidades, a musculação os interessou de tal forma que os levou a escolher a mesma profissão: ambos eram donos de uma academia em sua respectiva cidade. Por que decidiram escolher essa carreira? Eles adoravam manter o corpo em forma e tinham a disciplina necessária para ter um físico escultural. E, o mais importante, sentiam-se atraídos pela oportunidade de ajudar outras pessoas a alcançar a boa forma física.

A vida é uma estrada repleta de escolhas. Existe um número infinito de bifurcações que podem levar duas pessoas – mesmo gêmeos geneticamente idênticos – a caminhos diferentes. Tom e Steve não tentaram ser iguais, nem foram criados em lares parecidos. Então, o que os fez seguir na mesma direção? O fato de que os gêmeos tinham personalidades idênticas. O mais enigmático elemento da mente, a personalidade, é tão fundamental em determinar quem somos a ponto de levar dois homens a sair da cama de manhã com as mesmas motivações, perseguir os mesmos interesses, escolher a mesma profissão e, por fim, chegar ao mesmo lugar na vida.

O código da personalidade explora o papel essencial da personalidade no que somos hoje e no que iremos nos tornar amanhã.

O estudo TalentSmart

O ponto de partida para este livro surgiu há mais de uma década, na forma de uma pergunta desconcertante que circulava em um grupo de psicólogos industriais: "Existe uma característica universal que permite às pessoas se tornarem bem-sucedidas?" Como não havia perspectiva de resposta, essa charada atiçou nossa curiosidade e decidimos começar um estudo para desvendá-la. Reunimos uma equipe de estatísticos, programadores, administradores e psicólogos com o objetivo de fazer uma busca global da fonte universal do talento. Sob a denominação de estudo TalentSmart, essa pesquisa não se encontrava limitada pelas fronteiras de uma teoria subjacente, pois quaisquer noções preconcebidas serviriam apenas para nos confundir. O estudo era abrangente e consistia na avaliação da extensão das habilidades, motivações e opiniões das pessoas. Seus comportamentos em casa e no trabalho foram observados. E, o que talvez seja o mais importante, avaliamos as escolhas que essas pessoas faziam e calculamos seus efeitos. Um fator determinante do sucesso, caso existisse, só poderia ser alcançado se as ações que geravam resultados positivos fossem separadas das que eram inócuas ou até mesmo prejudiciais.

O estudo TalentSmart cresceu rapidamente e, quando chegou ao fim, tínhamos traçado o perfil de pessoas em todos os continentes habitados. Esse enorme banco de dados contém milhões de informações obtidas graças à colaboração de mais de 500 mil pessoas em 94 países. (Ver o Apêndice B para detalhes da amostra do estudo.) Em *O código da personalidade*, são apresentadas as descobertas desse trabalho. E, de fato, a resposta à nossa pergunta surgiu, mas não antes de depararmos com duas revelações que vão de encontro ao que as pessoas ouvem a vida inteira sobre o que as levaria ao sucesso: (1) sua personalidade determina o rumo da sua vida e (2) quanto mais profundo for o seu autoconhecimento, mais capaz você será de usar sua personalidade para desenvolver todo o seu potencial.

Personalidade é destino

Em casa, na escola e no trabalho, somos incentivados a nos esforçarmos e nos tornarmos aquilo que gostaríamos de ser. As pessoas dizem que o sucesso é uma questão de escolha, mas a incrível falha nessa afirmação é que, na verdade, temos pouca influência nesse processo. Como um imenso pedregulho rolando ladeira abaixo, nosso destino é impulsionado por nossa personalidade – um grupo de características comportamentais que todos possuímos em graus variáveis. Como a tendência à introversão ou à extroversão, essas características influenciam nossa maneira de pensar, sentir e, por fim, agir. Cada um de nós possui um perfil – que reflete nossa mistura individual de traços de personalidade – produzido por padrões de pensamento gravados no cérebro. Quando chegamos à idade adulta, esses padrões estão consolidados – são como canais que transportam nossos pensamentos, funis mentais pelos quais nossas escolhas devem passar. A personalidade é o conjunto de nossas motivações, necessidades e preferências que serve como um mapa das nossas forças e fraquezas – o "código", por assim dizer, de cada indivíduo.

Steve Tazumi e Tom Patterson não escolheram tomar caminhos idênticos na vida. Eles simplesmente seguiram seus corações e foram em busca das atividades pelas quais tinham interesse, aproveitaram as oportunidades que combinavam com seus talentos e se apaixonaram pelas pessoas que os fizeram se sentir completos. Antes de se conhecerem, ambos se achavam mestres do próprio destino. Assim, foi incrivelmente perturbador para os dois encontrar, aos 40 anos, seus respectivos clones levando vidas muito parecidas, a seis estados de distância. As vidas equivalentes de Steve e Tom foram impulsionadas por personalidades equivalentes, o que é incomum, mesmo no caso de gêmeos idênticos. Os traços de personalidade analisados pelo estudo TalentSmart geraram mais de 123 mil configurações individuais. Isso significa que é muito pouco provável que você encontre alguém que compartilhe *exatamente* o seu perfil.

> A personalidade é a essência do caráter de uma pessoa e se revela em padrões previsíveis de tendências e comportamentos. Ela é a soma das nossas motivações, nossos desejos e nossas preferências que – uma vez compreendidos – fornecem um mapa dos nossos pontos fortes e fracos.

O cérebro é o órgão mais complexo do corpo humano, por isso existem inúmeros métodos para se determinar como as pessoas pensam e o que motiva suas atitudes. Durante o estudo TalentSmart, aplicamos diversos testes com o intuito de avaliar as qualidades que os indivíduos apresentam. Ficamos surpresos diante da influência dos traços de personalidade sobre o que dizemos e fazemos no cotidiano. O segredo para controlar o comportamento humano está no código da nossa própria personalidade: é o principal dispositivo da mente e, de tão penetrante, é a chave para se desenvolver o autoconhecimento. O seu perfil de personalidade é, em grande parte, aquilo que você é. Ele captura a essência das suas motivações e preferências. Como seu perfil não muda, aliar seus esforços a ele é a única forma de usá-lo de maneira vantajosa. A personalidade é a ferramenta que pode preparar seu caminho para o sucesso ou deixá-lo inexplicavelmente preso no mesmo lugar.

O estudo da personalidade pode ser conduzido de forma abrangente e alcançar resultados significativos. Não é preciso perder tempo com os mínimos detalhes do comportamento das pessoas para colocar em prática o que você sabe sobre a personalidade. Por meio de uma série de análises estatísticas, conseguimos resumir as 123 mil configurações individuais em 14 diferentes tipos de personalidade. Eles representam os 14 tipos de pessoas que podemos identificar com base em suas características imutáveis. Colado no verso da quarta capa deste livro há um código que permite a você fazer o teste on-line para descobrir em que tipo de personalidade se encaixa. No Capítulo 3, você encontrará as instruções para o teste e no Capítulo 4, vai descobrir em qual dos 14 perfis se classifica e como aproveitá-lo ao máximo.

É arriscado não conhecer nossa personalidade, pois é ela que determina a direção que tomamos, com ou sem nossa ajuda ou compreensão.

Autoconhecimento gera sucesso

Se a personalidade é imutável, que sentido há em conhecê-la? Para ser franco, essa pergunta nos fez refletir por um bom tempo. A personalidade não é o indicador geral do sucesso que buscávamos com nosso estudo. É verdade que ela dita a maior parte do comportamento, mas descobrimos que existem pessoas bem-

-sucedidas em todos os 14 tipos de personalidade. Esses indivíduos podem não compartilhar o mesmo perfil, mas possuem algo essencial em comum: autoconhecimento aguçado. Conhecer a si mesmo não significa descobrir segredos profundos ou motivações inconscientes, e sim desenvolver uma compreensão sincera e honesta do que o motiva. Aqueles que possuem bom senso de autoconhecimento compreendem com muita clareza o que podem fazer bem, o que os motiva e satisfaz e quais pessoas ou situações devem evitar. À medida que desenvolvem esse autoconhecimento, sua satisfação com a vida – definida aqui como a habilidade de alcançar seus objetivos profissionais e pessoais – aumenta consideravelmente. No trabalho, 83% daqueles que se conhecem bem apresentam um desempenho acima da média. De acordo com o mesmo raciocínio, apenas 2% dos que têm um desempenho abaixo da média possuem um alto grau de autoconhecimento. Por que isso acontece? As pessoas que conhecem suas preferências e tendências têm probabilidade muito maior de aproveitar as oportunidades certas, se dedicar ao trabalho e atingir os resultados. Quando entendemos em detalhes nosso estilo inato de lidar com situações desafiadoras ou oportunas, descobrimos quais circunstâncias e pessoas nos levam ao sucesso.

A necessidade de autoconhecimento nunca foi tão intensa. Orientados pela noção equivocada de que a psicologia lida exclusivamente com patologias, presumimos que o único momento para aprendermos mais sobre nós mesmos é quando estamos diante de uma crise. Nós nos entregamos ao que nos deixa à vontade e tapamos os olhos assim que deparamos com algo que nos incomoda. Porém, é o quadro geral que nos interessa. Quanto mais compreendemos tanto as coisas positivas quanto as negativas, mais podemos usá-las para alcançar nosso potencial. Independentemente de qual seja o seu nível de autoconhecimento, você pode aumentar essa habilidade essencial estudando atentamente seu perfil, que é o modelo do seu comportamento.

A jornada ao âmago da sua personalidade

O código da personalidade é um convite à exploração do funcionamento interno da sua mente, e nenhuma tarefa desse tipo está completa sem uma avaliação objetiva do seu próprio perfil de personalidade. Ao contrário dos participantes do estudo TalentSmart, você não terá que se submeter a horas de testes para aprender sobre si mesmo. Depois de anos debruçada sobre esse banco de dados global, uma equipe desenvolveu um teste para ser feito na internet que revela o seu tipo de personalidade em apenas 15 minutos. No Capítulo 3, você aprenderá como fazer o teste, que vai comparar suas respostas com as 123 mil configurações possíveis para desvendar o código da sua personalidade. O resultado revela qual dos 14 tipos de personalidade melhor descreve você, assim como o significado das variações exclusivas do seu perfil. Ao se submeter a esse teste, você vai ter revelações profundas sobre suas motivações, suas preferências e os tipos de pessoas com as quais tem mais sinergia, tanto pessoal quanto profissionalmente. Vai ficar surpreso com alguns aspectos do seu perfil, ao passo que outros vão confirmar o que você já sabe a seu respeito. Visto que o desempenho excelente é mais uma questão de perspectiva do que de esforço, uma avaliação objetiva da sua personalidade é o primeiro passo essencial para construir o autoconhecimento de que você necessita para ser o melhor que pode.

Às vezes, o maior desafio não é entender a si mesmo, mas as pessoas à sua volta. Boa parte de *O código da personalidade* é sobre como decifrá-las, usando estratégias que podem ser empregadas no âmbito pessoal e no profissional. O Capítulo 4 apresenta os 14 tipos de personalidade em um formato de fácil consulta. Você terá uma visão prática das principais características, dos talentos e das dificuldades de cada perfil. Nos capítulos finais, vai aprender a avaliar as pessoas rapidamente e a lidar com elas tomando por base o tipo de personalidade de cada uma. Exemplos de casos reais ilustram o grau do impacto da personalidade na vida dos indivíduos e a compreensão de cada perfil o ajudará a usar esse conhecimento a seu favor. Você não pode mudar o seu perfil, ou o daqueles com quem convive, mas pode usar uma boa compreensão da personalidade para criar relacionamentos pessoais e profissionais mais gratificantes.

Nossa jornada começa na fronteira da psicologia com a neurociência, uma área que oferece novos e surpreendentes insights sobre a estrutura física da personalidade dentro do cérebro *e* sobre o papel fundamental que ela desempenha nas tarefas que realizamos e no que falamos diariamente. Esses avanços ajudam a esclarecer a própria essência do comportamento humano.

1
A anatomia da personalidade

Rick e James eram dois amigos inseparáveis e sabiam que podiam contar um com o outro sempre que precisassem. Naquele dia, no quintal da casa dos pais de Rick, quando James ergueu o machado bem acima da cabeça, os músculos de seu braço ficaram moles. Para compensar a fraqueza, ele retesou os ombros e continuou fazendo força para trás. Estava preparado para usar o instrumento, mas sentiu um arrepio.

Ao ver o amigo pronto para ajudá-lo com aquela tarefa aparentemente impossível de ser realizada, Rick parou de demonstrar medo e se posicionou para o golpe.

Isso foi em 1968 – o auge do recrutamento para o Vietnã – e Rick tinha acabado de ser convocado para a guerra. No quintal, James ergueu novamente o machado sobre a cabeça. Com um golpe surdo, o instrumento se enterrou no tronco em que Rick apoiara a mão para receber o golpe. Rick retraiu a mão em choque, olhando rapidamente para seu polegar cortado. O sangue jorrava do cotoco com tanta força que ele entrou em pânico.

James usou a mangueira para ajudar o amigo a se limpar. Para aumentar a pressão, ele a apertou. Ela soltou um jato forte de água sobre o tronco que fez o polegar sair voando. O dedo decepado deslizou pelo chão e foi parar junto à cerca. Rick não se importou com aquilo – o Exército não levaria garotos com um polegar a menos para as selvas ferventes do Vietnã. O bairro em que morava já tinha perdido três rapazes naquele verão, e Rick decidiu que perder o polegar era a única maneira de ele impedir que seus pais passassem pela dor de planejarem seu funeral. Catou o polegar e o enfiou no bolso como se fosse a chave do carro ou um chiclete. Nem havia necessidade de colocá-lo no gelo. Ele não queria que nenhum médico costurasse o dedo de volta no lugar e arruinasse seus planos de evitar a convocação.

A história de James deixa no ar a seguinte pergunta: o que você faria se estivesse no lugar dele? Na vida, por mais que pareça que pesamos os fatos e escolhemos uma direção considerando o melhor desfecho que as circunstâncias nos oferecem, nossos atos são ditados pelas motivações da nossa personalidade. James foi capaz de decepar o polegar de Rick com um machado porque colocou as necessidades do amigo acima das suas.

"Aquilo foi nojento para mim", recorda ele. "Nunca tive estômago forte. Então de onde veio a coragem para eu fazer aquilo? Só sei que faria qualquer coisa para ajudar Rick. Ele é como um irmão para mim."

É importante notar que James nunca teve muita escolha. Embora fosse apenas um adolescente na época, já possuía uma habilidade aguçada para entender as necessidades das outras pessoas, aliada a um forte desejo de colocá-las acima das suas. Quando Rick lhe fez esse estranho pedido, James sabia o que ele queria. Preferia que o amigo sentisse dor por sua causa durante dois meses a deixá-lo partir e vê-lo se arriscar numa guerra sangrenta. Pensar primeiro nas outras pessoas é algo natural para James, um forte componente do seu caráter. Seja ajudando um amigo a se mudar, levando o filho ao parque depois da escola ou criando um programa de aconselhamento na sua empresa, James se destaca em situações que exigem que ele ajude outras pessoas. É nessas ocasiões que sente a satisfação de seguir seu coração. Foi somente depois dos 50 anos que James percebeu que essas tendências de uma vida inteira eram produto da sua personalidade. Agora, ele possui um novo conhecimento que lhe possibilita usar sua personalidade em seu benefício. Com sorte, a maioria de nós não precisará esperar tanto para alcançar o mesmo resultado.

O estudo de Baltimore

No outono de 1958, voluntários começaram a aparecer no Hospital Municipal de Baltimore. Impulsionados por um boca a boca que vinha circulando pelo país, eles iam encontrar o Dr. Nathan Shock, um pesquisador com um projeto ambicioso cujo objetivo era acompanhar aquelas pessoas pelo resto de suas vidas a fim de monitorar as mudanças físicas e mentais que surgem com o avanço natural da idade.

Em uma pequena sala do hospital entulhada de aparelhos, o Dr. Shock e sua equipe submetiam cada participante a três dias de uma intensa bateria de testes físicos e psicológicos. A equipe pedia aos participantes que voltassem a Baltimore a cada dois anos, no intuito de repetir aquela mesma série de testes. Esse sistema de repetição dos testes tinha como meta mapear um conjunto de características passíveis de mudança com o passar dos anos. Se um número suficiente de pessoas aderisse à pesquisa e permanecesse fiel a ela, os dados revelariam padrões capazes de esclarecer as mudanças que todos devem esperar enfrentar durante a vida.

Surpreendentemente, os participantes continuavam voltando a Baltimore. Melhor ainda: a maioria trazia novos voluntários a cada vez que retornava. Quatro anos depois do seu início, o muito bem intitulado Estudo Longitudinal sobre Envelhecimento de Baltimore, ou

BLSA (na sigla em inglês), crescera tanto que o espaço de 1.160 metros quadrados que tinha no Hospital Municipal já não era suficiente.

O potencial de crescimento da pesquisa chamou a atenção do Congresso, que ofereceu 7,5 milhões de dólares para a construção de um centro de pesquisas permanente em uma área de mais de 20 mil metros quadrados doada pela prefeitura de Baltimore.

Um dos participantes, Fred Litwin, aderiu à pesquisa em 1962 – já na casa dos 70 anos – e continuou voltando para mais testes a cada 24 meses. Ele também levava a esposa, Evelyne. Os Litwin estavam entre as mais de 2.500 pessoas com idades entre 20 e 97 anos que o BLSA acompanhou desde 1958.

Fred era dono de uma loja de móveis no centro de Washington, D.C., e o elevador do seu prédio, instalado em 1850, é o mais antigo em funcionamento nos Estados Unidos. Fred, tal como o elevador, foi um pilar de longevidade. Ao voltar a Baltimore a cada dois anos no decorrer das últimas quatro décadas, ele e outros participantes do BLSA abriram uma fascinante janela para os segredos do corpo e da mente.

O estudo gerou mais de mil publicações que relatam, em detalhes, as mudanças físicas e mentais que surgem com a idade. Devemos muito do que sabemos sobre assuntos como diabetes, arteriosclerose, obesidade, mal de Alzheimer, inteligência e personalidade às observações feitas pelos pesquisadores de Baltimore. Quer as mudanças acontecessem no corpo, quer na mente, o BLSA contava com técnicos prontos para servirem de testemunhas.

Algumas dessas mudanças são animadoras: nosso vocabulário, por exemplo, continua aumentando até bem depois dos 80 anos. Outras, no entanto, como o fato de o corpo deixar de queimar 120 calorias por dia aos 40 anos, indicam o inevitável declínio físico. Mesmo uma pequena mudança quase imperceptível em um único indivíduo, como o engrossamento das paredes do coração, que pode acometer quem tem pressão arterial normal, se torna uma ferramenta importante para a melhoria do tratamento médico quando observada em um grande número de pessoas.

É irônico, mas uma das mais célebres descobertas do BLSA diz respeito a um traço que não muda nem um pouco com a idade: a personalidade. Quando o Dr. Shock e sua equipe criaram o estudo, na década de 1950, a personalidade já era considerada o ingrediente essencial do que leva as pessoas a agirem da maneira que agem. Os pesquisadores presumiam, como os principais psicólogos da época, que os traços de personalidade eram transitórios – oscilavam em resposta às circunstâncias variantes da vida. Não tinham dúvidas de que conseguiriam avaliar e acompanhar esses traços no BLSA, pois seu objetivo era esclarecer que tipo de acontecimento na vida das pessoas impulsiona uma mudança na sua constituição psicológica. Caso acontecimentos importantes, como ter filhos, chegar à meia-idade ou se aposentar, de fato mudassem a personalidade, era dever do BLSA mostrar às pessoas o que deveriam esperar. Entretanto, em 20 anos de estudos, não houve dados que sustentassem essa suposição.

O Dr. Paul Costa, chefe do Laboratório de Personalidade e Cognição do BLSA, explica: "Há provas de que, depois dos 30 anos, a personalidade se estabiliza e a idade por si só não causa nenhuma mudança. A personalidade tem uma enorme influência no decorrer da vida, no que diz respeito às escolhas da pessoa, em suas carreiras, seus casamentos, vocações e interesses." Ele prossegue: "A disposição básica das pessoas continua praticamente a mesma, mas esses traços duradouros fazem com que elas levem vidas específicas e em constante mutação."

Reconhecendo que os impostos pagos pelo contribuinte americano tornaram o BLSA possível, o Dr. Costa vem liderando uma espécie de cruzada para tornar público esse conhecimento. Essa é uma missão e tanto: mostrar ao mundo que tudo o que as pessoas acreditam saber foi virado de ponta-cabeça. E se existe uma coisa que os estudos sobre o cérebro estão tentando nos provar por meio das descobertas da década passada é que nosso caráter determina, de fato, nosso destino.

Tragédia nas montanhas Ozark

Em 1984, Terry Wallis era um jovem magricela de 19 anos que adorava consertar carros e contar piadas. Em uma madrugada de julho daquele ano, ele descia uma estrada nas montanhas com dois amigos quando perdeu o controle da sua picape, atravessando a mureta e despencando por mais de 6 metros até cair de cabeça para baixo. Um dos seus companheiros morreu, o outro saiu sem um arranhão e Terry ficou em estado de subconsciência, com o corpo paralisado do pescoço para baixo. Meses depois do acidente, os médicos abandonaram quaisquer esperanças de recuperação. Terry conseguia respirar sozinho, mas era incapaz de se comunicar, a não ser por meio dos grunhidos que emitia vez por outra e curtos movimentos com a cabeça. Ele permaneceu assim pelos 19 anos seguintes, preso em um estado que seu pai, Jerry, definia como "presente, mas, ao mesmo tempo, ausente".

E então, em 11 de junho de 2003, Terry deixou sua mãe de queixo caído. Ela o cumprimentou na clínica da mesma maneira que fazia havia 19 anos: "Quem está aqui? Quem veio visitar você hoje?" Porém, dessa vez, Terry respondeu.

As paredes pareciam desabar à sua volta enquanto ela observava o filho proferir uma resposta breve e gutural: "Mãe", disse ele. E em seguida Terry lhe pediu um refrigerante.

Naquela mesma tarde o paciente bateu papo com os médicos, que estavam relutantemente otimistas. Eles explicaram à família que recuperações àquela altura do campeonato eram ao mesmo tempo de uma raridade incrível e repletas de problemas. A equipe relatou casos como o do policial do Tennessee que acordou após ter ficado oito anos em coma e passou um dia inteiro contando piadas e relembrando as viagens que fazia todo ano para acampar durante o inverno, para se calar definitivamente 18 horas depois. Porém, quanto mais o tempo passava, mais Terry provava estar vencendo as probabilidades. Palavras deram lugar a frases e ele até começou a mexer seus membros antes paralisados. Espantou a todos se lembrando espontaneamente de seu número do seguro social e insistindo em que tinha apenas 19 anos. Terry não se lembrava dos anos posteriores ao acidente, mas sua vida antes da tragédia estava claríssima em sua mente. Ele demorou a aceitar que quase 20 anos haviam se passado e insistia em dizer que Ronald Reagan ainda era o presidente. No entanto, acabou por aceitar as explicações da família e pouco depois se deu conta de que era uma espécie de máquina do tempo humana.

Os neurologistas estimam que as chances de recuperação em casos como o de Terry são de 1 em 300 milhões, o que leva à questão: o que a tornou possível? Ao perceber que provavelmente jamais veriam outro paciente se recuperar como Terry, pesquisadores da faculdade de Medicina da Universidade Cornell – munidos da mais avançada tecnologia de mapeamento cerebral – examinaram o cérebro dele. Usando uma nova técnica, descobriram que o dano cerebral de Terry era grave, semelhante àquele de pacientes ainda presos em um estado de subconsciência. Porém, também notaram algo extremamente incomum: as células dentro e em volta do cerebelo haviam se ramificado com o objetivo de criar novas conexões com o restante do cérebro. Centro de comunicação do cérebro, esse emaranhado de tecido do tamanho de um punho equivale a apenas 10% do volume total do cérebro; no entanto, contém mais neurônios do que todo o restante do órgão. O cerebelo garante que todo o cérebro funcione em harmonia e, quando perde contato com alguma de suas partes, é como se aquela área deixasse de existir. Enquanto Terry se encontrava preso em um estado de subconsciência, seu cerebelo estava ocupado criando novas conexões para substituir as que haviam sido danificadas no acidente. Essas conexões levaram 19 anos para alcançar massa crítica, porém, quando isso aconteceu, Terry recuperou a capacidade de falar, rir, amar e retomar a vida. Sua personalidade ficou adormecida por quase duas décadas, mas ele despertou do coma com as mesmas motivações, preferências e talentos que tinha antes do acidente.

Terry Wallis recobrou a consciência porque nosso cérebro é plástico. À primeira vista, esse não parece ser um termo lisonjeiro para descrever o mais complexo órgão do corpo humano; no entanto, é ótimo para demonstrar como funciona a neuroplasticidade. Assim como o plástico, as regiões do cérebro são capazes de manter uma estrutura e um funcionamento duráveis, mas também podem fazer ajustes importantes quando submetidas ao tipo certo de pressão. Cada um dos 100 bilhões de neurônios se comunica por meio de pequenas ramificações que alcançam outras células. Um único neurônio pode estabelecer 15 mil conexões com os adjacentes, e tais conexões são desenvolvidas e interrompidas de acordo com a necessidade. Quando um número suficiente de neurônios cria conexões em uníssono, eles constroem caminhos inteiramente novos para que a informação circule pelo cérebro. Pesquisadores da neuroplasticidade descobriram que algumas áreas são mais propensas ao desenvolvimento de novas conexões do que outras. Na verdade, algumas são tão avessas a mudanças sistemáticas que são consideradas "congeladas", ou seja, incapazes de criar caminhos que afetarão seu funcionamento de maneira substancial.

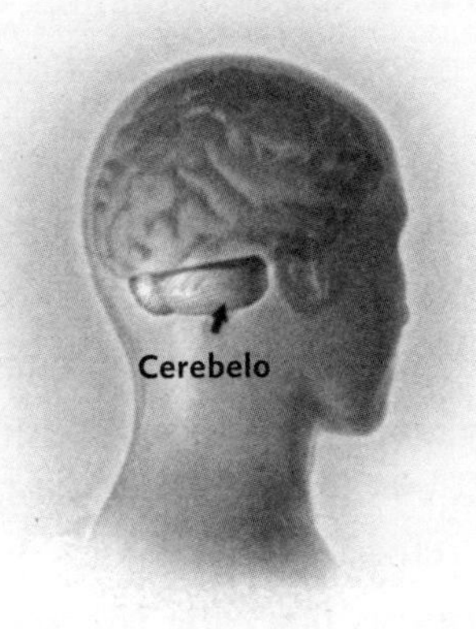

Terry Wallis despertou após 19 anos de um estado de subconsciência graças a um crescimento significativo de novas células no cerebelo. Pesquisadores descobriram que essa estrutura do tamanho de um punho, subestimada durante muito tempo por estar localizada debaixo do cérebro, representa o papel essencial de centro de processamento da enorme quantidade de informação que circula por todo esse órgão.

Em 1958, quando o BLSA teve início, os pesquisadores só podiam mapear o cérebro de acordo com as diferentes funções executadas pelas suas quatro partes principais, conhecidas como lobos. Hoje, é possível determinar o propósito de diferentes regiões cerebrais com um detalhismo muito maior. Por exemplo, a personalidade habita predominantemente o córtex orbitofrontal direito (ROC, na sigla em inglês), logo acima do olho direito. Não costumamos identificar mudanças na personalidade durante a vida adulta porque, a essa altura, o ROC já perdeu sua plasticidade. A personalidade é moldada como a argila: ao nascermos, ela é amorfa, adquirindo forma à medida que envelhecemos. Alcançar a idade adulta é o equivalente neural a colocar a peça de argila no forno: a forma já é a mesma do resultado final. Esse processo não é controlado apenas pelo ambiente em que vivemos, pois os genes exercem uma influência importante na moldagem. Assim como existem argilas de texturas diferentes – algumas são ideais para objetos feitos à mão, ao passo que outras são destinadas à produção industrial –, nós temos predisposições genéticas distintas que determinam como é formada nossa personalidade.

Durante a infância e a adolescência, o ROC é altamente maleável. Quando alcançamos a idade adulta, ele perde sua plasticidade e nossa personalidade é gravada no cérebro. O ROC controla cada vez mais nossa maneira de pensar à medida que se consolida. Algumas tendências são reforçadas e firmadas durante esse processo, enquanto o acesso a outras fica cada vez mais difícil. O cerebelo pode ser o centro de comunicação do cérebro, mas o ROC é responsável pelo comando e pelo controle – o restante do cérebro se torna dependente do projeto original que está gravado nele.

Para ilustrar esse processo, preciso colocar você, leitor, em uma pequena disputa. Seu oponente é uma criança de apenas 9 anos. Vocês serão encaminhados a salas separadas e cada um se sentará diante de um monitor. Na mesa em frente à tela haverá um grande botão vermelho. Nas suas respectivas telas, vocês verão uma série idêntica de cerca de 50 círculos, que podem ser listrados ou lisos, apresentados um de cada vez. Se o círculo que aparecer for liso, você deve apertar o botão uma vez, o mais rápido possível. Se for listrado, não faça nada. Vou contar o tempo de reação para ver quem aperta o botão mais depressa. Parece fácil? Certo, então vamos inverter. Mostrarei outra série de círculos, mas, dessa vez, você deve apertar o botão quando o círculo for listrado, não liso. Ficou um pouco mais difícil, não é? Você acha que vai conseguir reagir mais rápido do que a criança? Os pesquisadores do Centro Shriver em Massachusetts, uma das principais instituições de pesquisa sobre o cérebro infantil do mundo, não apostariam nisso. O jogo que descrevi é parte de um estudo que eles estão conduzindo sobre a plasticidade do cérebro na área em volta do ROC. Quando as regras mudam e pede-se que o participante clique no outro círculo, as crianças são muito mais rápidas do que os adultos. Na verdade, o tempo de reação delas é muito parecido durante os dois testes, ao passo que o do adulto fica mais lento quando se dá a mudança. O que está por trás disso? Os pesquisadores do Centro Shriver mapearam os cérebros dos participantes enquanto estes faziam os dois exercícios e descobriram – apenas no caso dos adultos – que o segundo teste ativa a área em torno do ROC, na qual estão armazenados anos de comportamento padronizado. É isso que faz os adultos ficarem mais lentos. As crianças completam o segundo exercício na mesma velocidade que o primeiro, pois essa área de seus cérebros é menos desenvolvida: não há muita coisa acontecendo lá para que seu tempo de reação diminua.

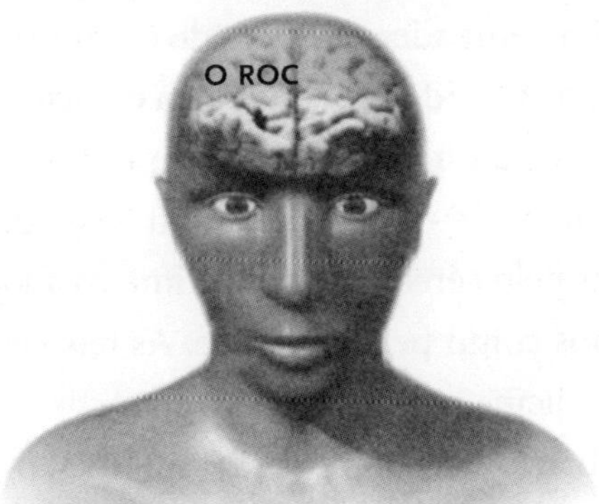

Avanços recentes na neurociência determinaram a localização física da personalidade no cérebro: o córtex orbitofrontal direito (ROC). Localizado logo acima do olho direito, as células no ROC ganham forma no decorrer da infância e da adolescência. Quando alcançamos a idade adulta, sua maleabilidade se perde e nossa personalidade é permanentemente gravada no cérebro. O ROC contém nosso projeto original de comportamento, que controla a imensa maioria das coisas que dizemos e fazemos diariamente.

Quebrando o código

O primeiro estudioso da personalidade de que se tem notícia foi um médico em uma pequena ilha na extremidade sudoeste da Grécia. Em 440 a.C., esse médico livre-pensador chamado Hipócrates abandonou as práticas supersticiosas de seus contemporâneos e conduziu estudos detalhados sobre seus pacientes antes de dar os diagnósticos. Isso pode não parecer muito inovador para os padrões de hoje, mas, em um mundo que se embasava na mitologia para compreender as doenças, as práticas de Hipócrates representavam uma reviravolta da norma. À medida que observava constantemente os sintomas e o comportamento de seus pacientes, ele se espantava com a profunda influência da mente sobre o corpo, chegando à conclusão de que "é muito mais importante sabermos qual pessoa a doença aflige do que qual doença aflige a pessoa". Hipócrates desejava entender a origem do comportamento de seus pacientes e foi capaz de identificar quatro características distintas que vinham à tona em diferentes graus em todas as pessoas. Ele as denominou "humores" e – embora não pudesse sondar como elas eram controladas pelo cérebro – foi o primeiro a identificar o que agora conhecemos como personalidade. As teorias de Hipócrates dominaram a medicina por quase 2 mil anos.

Quando William Marston nasceu, em 1893, o entendimento que o mundo possuía da personalidade ainda precisava evoluir. Marston cresceu em uma cidadezinha do interior de Massachusetts que ficava bem próxima do novo e poderoso movimento que surgia em Cambridge. Um professor de Harvard, William James, conquistaria uma legião de leitores no decorrer do fim do século XIX e começo do XX com a nova ciência da psicologia.

The Principles of Psychology (Os fundamentos da psicologia), o bastante popular e apropriadamente intitulado livro de James, afirmava algo que causou uma impressão duradoura em Marston durante seus estudos em Harvard: "É uma boa coisa que, na maioria das pessoas, aos 30 anos de idade, o caráter tenha se consolidado como uma argamassa, sem que jamais volte a amolecer." Para Marston, essa hipótese remontava à noção das disposições permanentes do caráter observadas por Hipócrates. Quando Marston recebeu seu Ph.D. em psicologia pela Universidade de Harvard em 1921, ele já havia avançado bastante rumo à descoberta da essência da personalidade.

Os ombros largos, o queixo proeminente e os olhos fundos e penetrantes de Marston lhe davam uma aparência intimidadora que podia esconder sua índole curiosa e cordial. Ele, porém, não era um desses intelectuais inertes: tinha uma extraordinária habilidade de descobrir soluções para problemas difíceis detectando pontos de convergência em conceitos aparentemente díspares.

Como era de esperar, sua busca da verdade sobre a personalidade começou com a análise de pessoas mentirosas, e sua criatividade levou à invenção do polígrafo, ou detector de mentiras. Marston percebeu que contar mentiras é uma maneira garantida de fazer o corpo sentir emoções. Essas emoções podem ser preocupação, vergonha, agitação ou qualquer outra coisa – tudo depende do motivo da mentira. Falar a verdade não faz o corpo embarcar nesse tipo de montanha-russa emocional.

Bons mentirosos nos convencem de que estão contando a verdade ao esconderem essas emoções de nós. Independentemente do que estejam sentindo, eles nos olham nos olhos, falam com tranquilidade e transmitem confiança – da mesma forma que alguém que esteja dizendo a verdade. No entanto, dentro do corpo de quem conta a mentira – seja ela uma mentirinha inocente ou uma bem cabeluda –, esses sentimentos são acompanhados por reações fisiológicas. Estas incluem alterações na pressão arterial, na respiração e na habilidade da pele de conduzir eletricidade e ocorrem quer o mentiroso esteja consciente delas, quer não.

Foi a invenção de uma simples máquina por parte de Marston – o polígrafo – que revelou as sutis mudanças fisiológicas que surgem inevitavelmente quando alguém está mentindo. Um polígrafo pode desmascarar o mais experiente mentiroso, por maior que seja seu talento de fazer os outros acreditarem que está dizendo a verdade.

Quando Marston estudou os mentirosos, na verdade ele estava estudando todos nós. A mentira é uma norma social que usamos para proteger os sentimentos das pessoas, evitar conflitos ou obter alguma coisa. Mesmo que não gostemos de admitir, a maioria das pessoas mente com regularidade. Para dizer a verdade, um pouco mais da metade de nós afirmaria que não há problema em mentir em determinadas situações. No entanto, quando pesquisadores aplicaram o teste do polígrafo, descobriram que 97% das pessoas não contam só uma mentirinha de vez em quando – nós contamos, em média, uma lorota por dia!

Sempre que um dos indivíduos estudados contava uma mentira, Marston parava e lhe fazia perguntas. Ele descobriu que as pessoas mentiam por motivos distintos, mas que um indivíduo geralmente mentia pelo mesmo motivo. E foi então que Marston viu a relação: as pessoas contavam mentiras quando algo era muito importante para elas.

Para a maioria, mentir não era uma parte fundamental do seu padrão de comportamento, mas o motivo da mentira, sim. Alguns se sentiam motivados a mentir para ajudar um amigo; outros, para facilitar uma conversa difícil; outros, para se manterem no controle e assim por diante. As motivações das pessoas para mentir revelavam algo importante sobre suas necessidades. Quando Marston se aprofundou na análise dessa pista, percebeu que as mesmas necessidades determinavam a maior parte do que as pessoas diziam e faziam diariamente: elas revelavam as previsíveis tendências da personalidade humana.

O modelo DISC

Como Hipócrates antes dele, Marston viu que a personalidade se manifestava em quatro dimensões distintas, ou traços. Embora esses traços representem necessidades que são importantes para todas as pessoas em algum grau, saber qual é predominante em cada uma delas é essencial para a compreensão da personalidade. Os quatro traços de personalidade são conhecidos como o modelo DISC, que é uma abreviação para a tendência das pessoas a serem Dominantes, Interpessoais, Sensatas ou Cautelosas.

As pessoas nas quais o traço "Dominante" prevalece são diretas e assertivas. Elas pensam por si próprias, são ambiciosas, bem como rápidas e dinâmicas na resolução de problemas. Os Dominantes são competitivos e gostam de desafios mesmo quando as chances de sucesso são pequenas. Possuem uma forte necessidade de conquistar e tentar manter um nível de autoridade e controle sobre o ambiente em que vivem e trabalham. São considerados decididos e resolutos, o que não é nenhuma surpresa, pois os Dominantes costumam gostar que as coisas sejam feitas do jeito deles.

Os indivíduos nos quais o traço "Interpessoal" predomina são divertidos e sociáveis. Gostam de fazer parte de grupos e contam principalmente com suas habilidades sociais para conseguir o que querem. Muito extrovertidos, são vistos como cordiais e expansivos. Possuem uma necessidade constante de estar em contato e conversar com outras pessoas e podem até tentar aproximar indivíduos menos sociáveis. Muitas vezes são considerados emotivos, pois expressam prontamente seus sentimentos e costumam se sentir mais à vontade com suas emoções do que os demais.

Aqueles nos quais o traço "Sensato" predomina são persistentes e pacientes. Encaram a vida com ponderação e firmeza e não gostam de surpresas. São adaptáveis e pouco exigentes e geralmente demonstram uma intensa lealdade àqueles à sua volta. Dão muito valor à sinceridade. Têm o hábito de dizer a verdade e esperam que os outros também o façam. As pessoas tendem a considerá-los cautelosos e coerentes em relação à vida, podendo rotulá-los de previsíveis. Indivíduos sensatos possuem um nível incomum de persistência e podem continuar dedicados e interessados em algo por mais tempo do que a maioria das pessoas.

Os indivíduos nos quais o traço "Cauteloso" predomina se interessam por precisão e esmero. Gostam de estruturas e detalhes e tendem a se concentrar intensamente nos fatos. Consideram a tradição e a etiqueta muito importantes e se esforçam bastante para sustentar esses costumes. Tendem a ser sistemáticos em suas atividades e insistem no respeito às regras para controlar o ambiente à sua volta. São moderados e vagos ao lidar com conflitos e podem adiar tomar uma atitude até que ela seja absolutamente necessária. Isso pode levá-los a ser considerados passivos e submissos.

O modelo DISC de Marston representa o que as pessoas tendem a pensar, sentir e fazer como produto das tendências inerentes às suas personalidades. Sem dúvida, há camadas mais profundas no modelo DISC – e iremos explorá-las nos capítulos adiante –, mas a figura a seguir nos permite vislumbrar rapidamente as diferenças gerais entre os quatro traços de personalidade nela descritos. Nas setas verticais, os traços são diferenciados pela tendência geral a ser *ativo* ou *reativo*. Por exemplo, minha tendência é agir rapidamente diante das mudanças ou é mais provável que eu espere para ver o desenrolar dos fatos? Nas setas horizontais, os traços são diferenciados pela tendência geral a dar prioridade às *tarefas* ou às *pessoas*. Todos pendemos inconscientemente para um lado ou para o outro.

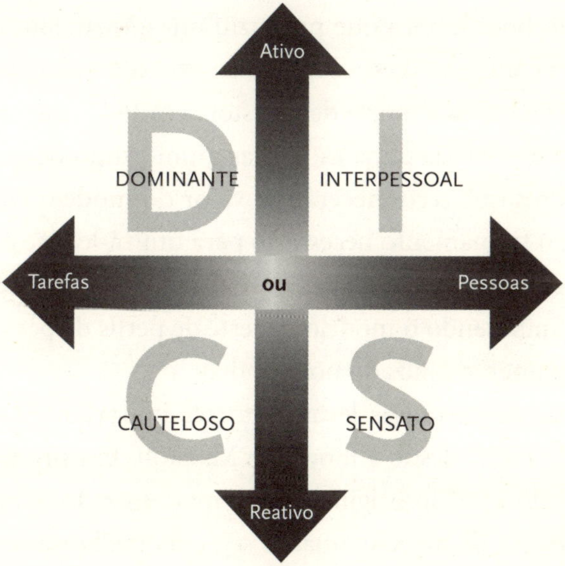

Esta é a versão modernizada do modelo DISC de personalidade, apresentado pela primeira vez em 1928 pelo psicólogo William Marston. O DISC examina as motivações para os comportamentos das pessoas segundo quatro dimensões distintas, ou traços de personalidade. Embora esses traços representem necessidades que são importantes para todas as pessoas em algum grau, saber qual é predominante em cada uma delas é essencial para a compreensão da personalidade.

O modelo de perfis de personalidade DISC ganhou notoriedade pela primeira vez durante a estruturação do Exército americano na

Segunda Guerra Mundial. Avaliar os perfis DISC dos novos recrutas passou a ser um método objetivo de designá-los para as missões apropriadas. Os militares não dispunham de um teste como esse e, para cada recruta, se baseavam em horas de entrevistas e na interpretação de psicólogos. Porém os perfis DISC eliminaram uma quantidade considerável de tentativa e erro no processo de alocação dos novos soldados. Depois da guerra, muitos desses soldados levaram esse modelo de teste para suas vidas civis. Eles foram essenciais no boca a boca que produziu um movimento silencioso dedicado a continuar o estudo, a utilização e o aperfeiçoamento do modelo DISC após a morte de Marston, em 1947. Esse movimento resistiu por várias décadas, graças a um grupo de acadêmicos e educadores que reconheceram o valor do modelo DISC e que possuíam o treinamento necessário para utilizá-lo. Até o momento, ele ajudou 50 milhões de pessoas a descobrir a fonte de suas forças e continua sendo o modelo de teste de perfis de personalidade mais amplamente utilizado no mundo.

Décadas de pesquisas levaram a três importantes aprimoramentos do DISC desde a morte de Marston. Em primeiro lugar, os termos do modelo original foram modernizados com o intuito de manter a linguagem atual. A segunda melhoria se baseia na descoberta de que cada um de nós é mais do que um D, I, S, ou C. Uma vez que todos apresentam esses quatro traços em algum grau, o traço predominante não conta toda a história. Para ter uma visão completa de um perfil de personalidade, é preciso compreender como mesclamos esses traços. Se você quer entender uma pessoa, é importante saber qual é o traço dominante, porém ter conhecimento dos 14 tipos distintos de personalidade torna mais fácil descobrir o que a motiva. Esses tipos são mais do que rótulos de uma palavra só. Eles identificam as mais evidentes e úteis diferenças entre as pessoas. Os 14 tipos ajudam a compreender como cada um de nós reage ao próximo, como prefere lidar com suas tarefas e como gerencia seu tempo e sua energia (como veremos no Capítulo 4). A terceira inovação no DISC garante que você possa saber qual é o seu tipo de perfil. Nos primeiros anos, eram necessárias várias horas de entrevistas e a interpretação de psicólogos para você compreender em qual perfil desse modelo se encaixava. Com a internet e o avanço dos testes psicológicos, agora é possível fazer o teste on-line e descobrir, com rapidez e precisão, o seu perfil. O Capítulo 3 traz instruções para acessar o teste de personalidade IDISC, a nova versão do modelo criado por Marston, que deve ser feita na internet. Você ainda pode aprender muito neste livro sem fazer o teste, mas conhecer o seu perfil exato tornará esse aprendizado real e servirá de base para a maneira como irá entender a sua personalidade.

2
Autoconhecimento gera sucesso

Press Your Luck (algo como "Pressione sua sorte", numa tradução literal) foi um programa de TV popular nos Estados Unidos, na década de 1980, que apresentava um imenso painel no estilo caça-níqueis exibindo dinheiro e prêmios. Os participantes tinham a simples porém enervante tarefa de pressionar um botão vermelho que congelava o painel em determinado lugar. Cada vez que o participante o apertava, o painel exibia dinheiro, viagens, prêmios valiosos ou um detestável monstro de animação que recolhia o dinheiro e os prêmios ganhos até então. O jogo tinha esse nome porque a inevitável ameaça de falência representada pelo monstro transformava cada ida ao painel em um grande risco. Quando um jogador estava satisfeito com seus ganhos, passava suas "jogadas" restantes a outro participante e evitava assim o risco de perder tudo para o monstro.

Michael Larson era o maior fã do programa desde sua estreia, em setembro de 1983. O motorista de caminhão desempregado de Ohio não perdia um episódio. Um dia, ele notou algo estranho: era como se pudesse prever quando um monstro apareceria. Para testar sua teoria, ele gravou cada episódio do programa por seis semanas e acompanhou o painel quadro a quadro em uma série de televisores que havia colocado em sua sala de estar.

Descobriu que ele não seguia uma ordem aleatória, e sim uma de seis sequências previsíveis. Michael aprimorou sua técnica a cada episódio, treinando as pausas do painel toda vez que tivesse certeza de que um monstro não apareceria. Depois de finalmente convencer a namorada de que ficaria rico, esvaziou a conta bancária deles e comprou uma passagem só de ida para Los Angeles para tentar participar do show.

Ao chegar lá, Michael passou por uma entrevista e logo chamou a atenção dos produtores.

"Ficamos muito impressionados com ele", recorda o produtor executivo Bill Carruthers. "Ele tinha carisma e jogava muito bem. Lá estava aquele motorista de caminhão desempregado nos dizendo que gostava tanto do programa que tinha ido sozinho de avião até Los Angeles só para tentar participar."

Bob Edwards, o coordenador de participantes, tinha suas dúvidas.

"Havia alguma coisa naquele cara que me preocupava."

Edwards achou que existia algo de "estranho" naquele homem. Mas depois de muita discussão, os produtores decidiram aceitá-lo. Em 19 de maio de 1984, Michael foi até o estúdio e finalmente teve sua chance de ficar rico.

Pouca coisa aconteceu na primeira metade do episódio. Michael ficou nervoso e sua primeira jogada resultou em um monstro. Nas demais, ganhou apenas 2.500 dólares. O último bloco do programa, no entanto, teve um resultado complemente diferente. Ele precisou de apenas uma jogada para conseguir o que queria. A cada vez que pressionava o botão vermelho, Michael alternava metodicamente cada um dos sete quadrados que o premiavam com 750 dólares a 5 mil dólares em dinheiro. A tensão começou a aumentar quando ele acumulou 30 mil dólares. Era mais dinheiro do que qualquer participante havia ganhado no programa, mas, ainda assim, ele continuou testando sua sorte. Toda vez que apertava o botão, aumentava sua já polpuda conta bancária e levava a plateia a um frenesi cada vez maior. Ele continuou a jogar, ultrapassando a marca dos 40 mil, 50 mil e até 60 mil dólares. O simpático apresentador, Peter Tomarken, implorou que ele parasse, temendo que Michael perdesse tudo para o monstro. Mas ele prosseguiu.

Quando se aproximou da marca dos 100 mil dólares, as coisas começaram a ficar complicadas. O programa de meia hora nunca tinha estourado o tempo antes, porém, como Michael nunca perdia, ele ultrapassou uma hora de duração. Àquela altura, já estava bem claro que Michael não perderia nenhuma jogada. Michael Brockman, diretor da programação diurna da CBS, estava descansando em casa quando recebeu a ligação de um dos assistentes de produção do *Press Your Luck*.

"Algo estava muito errado", recorda ele. "Lá estava aquele cara, vindo do nada, ganhando os prêmios a cada jogada."

Depois de uma enxurrada de telefonemas, decidiram deixar Michael continuar. Notando o pânico da equipe de produção, ele gastou rapidamente as jogadas que lhe restavam e saiu com 110.237 dólares em dinheiro, mais os prêmios. Uma vez que não tinha feito nada ilegal, a CBS permitiu que ficasse com tudo. A emissora reprisou esse episódio apenas uma vez (alcançando o dobro da audiência de um episódio comum). Pouco depois, acrescentou novas sequências ao painel e, com o tempo, instalou a tecnologia necessária para gerar uma sequência de quadrados verdadeiramente aleatória.

A vida de Michael depois do programa demonstra quanto autoconhecimento lhe faltava e quão absurdamente destrutiva pode ser uma personalidade descontrolada. Com o valor do prêmio que ganhou, ele continuou testando a sorte. Seu primeiro grande fracasso foi um golpe imobiliário que não deu certo. Ele ainda buscava incansavelmente outro código para quebrar, quando uma estação de rádio da região ofereceu 30 mil dólares a qualquer um que conseguisse apresentar duas notas de um dólar com números de série consecutivos. Michael foi ao banco e sacou os 50 mil que restavam do que ganhou – em notas de um dólar. Dia após dia, ele e a namorada separaram o dinheiro em pilhas pela casa inteira. Mas nunca terminaram. Uma noite, enquanto estavam em uma festa de Natal, a casa foi arrombada e o dinheiro, roubado. Novamente falido e desempregado, Michael ligou para os produtores do *Press Your Luck* com um pedido desafiador: "Sei que vocês acrescentaram sequências ao painel, mas aposto que posso vencer mais uma vez. Que tal um desafio?" A CBS recusou e Michael Larson nunca mais venceu.

Mentes múltiplas

A vida de Michael Larson é um exemplo dos efêmeros altos e inevitáveis baixos que surgem quando confiamos cegamente na nossa personalidade. Quando não controlamos as tendências naturais que possuímos, nossas habilidades peculiares nos levam apenas até certo ponto e nossos pontos fracos nos derrubam sem aviso. A engenhosidade que Michael demonstrou ao decifrar o painel foi um esforço bem-sucedido, embora extremamente incomum. Ele não se deixou intimidar pela complexidade do painel – foi até seduzido por ela –, pois sua personalidade fazia dele um criativo solucionador de problemas. Como muitos que são impelidos pela criatividade, porém, seu ponto fraco era a impulsividade. Ele continuou buscando caprichosamente um outro enigma para decifrar. Nunca cogitou a hipótese de desistir de seus elaborados esquemas e chegou a ficar surpreso quando perdeu tudo.

Nenhuma força nos é útil para sempre se não for direcionada, e o autoconhecimento é aquela habilidade essencial que nos possibilita compreender e até mesmo controlar nossa personalidade arraigada. O autoconhecimento é uma habilidade flexível que se aprimora com o uso e enfraquece se deixada de lado, sendo que quase todos nós escolhemos a segunda opção. No estudo TalentSmart, ficamos surpresos ao descobrir que apenas 29% daqueles que testamos possuíam uma compreensão precisa de suas próprias tendências. Parece que a grande maioria das pessoas não sabe ao certo como os outros as veem e não tem a habilidade de descobrir os próprios talentos para que eles sejam bem utilizados. Mais de 70% dos que foram testados possuem uma dificuldade considerável em lidar com o estresse e os conflitos interpessoais que são gerados por essa falta de autoconhecimento.

Também comparamos os níveis de autoconhecimento das pessoas com a habilidade de conquistar as coisas que consideram mais importantes na vida. Descobrimos que, à medida que o autoconhecimento aumenta, a satisfação com a vida dispara e as pessoas são muito mais propensas a alcançar suas metas pessoais e profissionais. Elas se dedicam primeiro a descobrir e depois a compreender como reagem a desafios e oportunidades. Reconhecem as situações e aqueles que as levarão ao sucesso e isso as ajuda a se manterem no caminho certo. Identificam as tendências limitadoras que não podem evitar, o que faz com que as enxerguem com mais facilidade e minimizem o dano resultante. Por fim, sabem o que realmente querem da vida, o que é meio caminho andado para obtê-lo. A autoconsciência é uma tendência tão inerente ao sucesso que transcende idade, inteligência, grau de instrução, ocupação e nível profissional. Em praticamente todo ramo e atividade, descobrimos que 83% dos que possuem um desempenho acima da média se conhecem bem, ao passo que apenas 2% dos que possuem um desempenho abaixo da média têm essa habilidade essencial. Aqueles que sabem quais são suas preferências e tendências têm muito mais probabilidade de perseguir as oportunidades certas, colocar suas forças em ação e alcançar os resultados que desejam.

Os participantes do estudo TalentSmart que possuem um desempenho acima da média nos mostram que o autoconhecimento é mais um meio do que um fim.

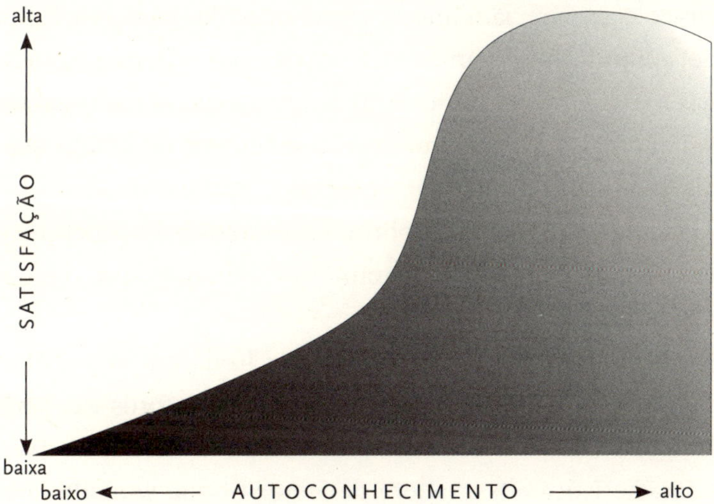

Ao estudarmos pessoas bem-sucedidas, um padrão claro surgiu, revelando um traço essencial que elas tinham em comum: um aguçado autoconhecimento. À medida que têm mais autoconhecimento, as pessoas compreendem melhor as tendências predominantes de suas personalidades, que são responsáveis pela maior parte do que dizem e fazem diariamente. Aqueles que possuem níveis mais elevados de autoconhecimento são mais propensos a capitalizar suas forças, minimizar os efeitos das suas fraquezas e se colocar em posição de alcançar o sucesso.

Stewart Coleman é um homem cuja vida ilustra esse processo. Quando nos encontramos, esse executivo do setor de softwares de 58 anos conversou com tanta tranquilidade comigo sobre suas tendências que seu autoconhecimento parecia ser natural, um elemento inato da sua personalidade. Porém, não era esse o caso. Quando criança, Stewart tinha uma mente muito curiosa e criava a maioria dos seus próprios brinquedos, combinando utensílios domésticos velhos. Sendo o mais novo de cinco filhos, os irmãos sempre implicavam com ele. Aprendeu a não se meter onde não era chamado, evitando qualquer coisa que atraísse atenção para si. Manteve essa atitude até o ensino médio, época em que muitos de seus colegas pareciam querer ser o centro das atenções. Com o tempo, aprendeu que a única maneira de evitar a perseguição dos colegas mais velhos (e das colegas também) era se tornar amigo deles. Foi preciso muito esforço para se libertar do rótulo que o definia: o de rapaz tímido e introvertido.

Na faculdade, Stewart redobrou os esforços para superar a timidez e fez amizades que acabaram provando que o esforço para criar laços foi uma boa escolha.

"Quando me formei engenheiro, não havia empregos muito bons nesse setor na cidade em que eu morava", recorda ele, "então um amigo me ajudou a conseguir trabalho no restaurante do pai."

A característica observadora de Stewart e sua vontade de alcançar o sucesso lhe foram muito úteis no ramo dos restaurantes. Ele se orgulhava de sua conquista, mas sempre chegava em casa exausto e atordoado por ter que lidar constantemente com pessoas e todos os seus conflitos e suas necessidades específicas.

"Ofereceram-me um emprego de gerente regional em outro restaurante, mas recusei e resolvi mudar de cidade. Pensei que trabalhar como engenheiro resolveria todos os meus problemas com as pessoas."

Mas não foi assim. A iniciativa e a ética de Stewart o fizeram progredir no mundo empresarial e, cada vez mais, seu sucesso profissional e sua felicidade se baseavam na habilidade que tinha de inspirar e motivar outras pessoas. Para alcançar o sucesso nessa área, ele percebeu que voltava a se concentrar nos relacionamentos, estratégia que havia "criado" no ensino médio e na faculdade.

"Eu não estava satisfeito em trabalhar apenas em um aplicativo", explica Stewart. "Queria desenvolver sistemas que fariam toda a companhia progredir."

E ele descobriu rapidamente que, para conseguir isso, precisaria de pessoas. O pulo do gato para Stewart – que ele considera o segredo do seu sucesso – foi entender que não tinha tanta naturalidade quanto seus colegas demonstravam ter em lidar com os outros. Ele continua propenso à introversão: é cheio de energia, é obstinado e a interação social ainda o deixa cansado. Depois de horas trabalhando sozinho em sua mesa, não se sente tão exausto como quando trabalha em equipe. Mas ele é bem-sucedido porque sabe disso e organiza suas tarefas de acordo com essa necessidade.

"Penso nas pessoas como um projeto", diz ele. "Alguns aspectos do meu trabalho exigem mais de mim do que outros, como o aspecto social. Simplesmente divido meu tempo e dou toda a atenção às pessoas quando é hora de me concentrar nelas."

Stewart é capaz de estabelecer vínculos com as pessoas e está disposto a isso, só precisa se esforçar.

A jornada dele em direção ao autoconhecimento teve início nos anos de reflexão sobre si mesmo, não resultou de uma resolução de ano-novo ou de um ímpeto passageiro. Ele entende bem sua personalidade imutável, pois dedicou tempo a se familiarizar com suas próprias tendências, seus talentos e deficiências. O que torna o autoconhecimento algo desafiador é o fato de a maioria de nós superestimar imensamente a precisão com que enxergamos nosso próprio comportamento. Mas é a compreensão do quadro geral que nos é útil. Quanto mais levamos em conta tanto os pontos positivos quanto os negativos, mais podemos usá-los para conseguir o que queremos. Stewart sabe que precisa aprender ainda mais sobre si mesmo se quiser passar para um nível superior. Mesmo ocupando o cargo de executivo sênior, sua ambição profissional não diminuiu; ele quer fazer da sua companhia a líder do setor em que atua.

A personalidade é um elemento poderoso que dita a maior parte do que nos dá conforto e nos motiva. No entanto, conforme revela Stewart Coleman, a personalidade não precisa controlar tudo o que fazemos – podemos usar o autoconhecimento para conservar nosso poder de escolha. A área do cérebro responsável pelo autoconhecimento é altamente maleável. Porém, como ocorre com um músculo, o simples fato de tê-lo não significa que iremos utilizá-lo bem. Nosso autoconhecimento precisa ser exercitado para se tornar forte. Descobrir qual o seu perfil de personalidade pode acelerar esse processo. Uma vez que o seu perfil engloba a essência dos seus talentos, suas dificuldades e tendências gerais, identificar o seu tipo elimina muitos obstáculos no caminho para o autoconhecimento.

A personalidade é o dispositivo penetrante da mente que, sozinho, determina o comportamento humano. Uma vez que o seu perfil não muda, compreendê-lo e se aliar a ele são as maneiras de usá-lo a seu favor. No próximo capítulo, você começará sua jornada em direção ao autoconhecimento mais profundo. Ao fazer o teste de personalidade IDISC na internet, você vai descobrir em quais dos 14 perfis se encaixa, assim como o grau em que possui cada característica. Analise o resultado do teste com atenção. Ele o ajudará a fazer duas coisas importantes: familiarizar-se com seus talentos e compreender suas dificuldades, possibilitando a você enfrentar os problemas enquanto eles ainda são pequenos o bastante para serem resolvidos, embora grandes o suficiente para serem detectados. Esse processo é essencial, pois o sucesso não está em nos transformarmos em algo que não somos. Ele é alcançado quando sabemos exatamente quem somos.

3
O teste de personalidade IDISC

O código de acesso de oito caracteres para o teste de personalidade IDISC, colado no verso da quarta capa deste livro, é exclusivo para seu uso pessoal. Digite o seguinte endereço no seu navegador: www.personalitycode.com/idisc.php?lang=portuguese. Quando o sistema pedir a sua senha, você precisará digitar o código. As letras podem ser digitadas tanto em maiúsculas quanto em minúsculas, não faz diferença. Os únicos requisitos técnicos são um computador com acesso à internet, um navegador e um modem de velocidade igual ou superior a 56K.

Ao completar o teste, ele irá gerar instantaneamente a pontuação do seu perfil. O resultado surgirá na mesma hora e estará disponível para consulta a qualquer momento. Você pode gastar quanto tempo quiser analisando o seu perfil e fazendo as atividades on-line. Algumas pessoas levam apenas de 10 a 12 minutos lendo os resultados. Outras passarão meses aproveitando todas as atividades disponíveis no site.

Você vai levar apenas 15 minutos para responder às perguntas. Clique em "Enviar" e a mágica acontece: 100 mil linhas de linguagem de programação são processadas em um segundo. Não é mais necessário esperar que alguém calcule o resultado à mão em um caderninho. Os resultados surgem na sua frente num piscar de olhos. A maioria das pessoas que faz o teste não considera as perguntas muito invasivas, no entanto, o padrão de respostas é analisado estatisticamente para decifrar o código da sua personalidade. A despeito disso, a informação que você fornece ao fazer o teste é armazenada em um servidor remoto seguro que é monitorado 24 horas por dia para garantir que ninguém tenha acesso aos seus resultados.

O propósito do teste

Avanços recentes nas ciências psicológicas confirmaram que grande parte do nosso comportamento é determinada pela personalidade – traços de caráter estáveis e individuais que permanecem constantes durante toda a vida. Ainda assim, essas descobertas amargaram um anonimato acadêmico a ponto de quase todos compreendermos muito mal como a personalidade determina nosso destino. Entender nossas principais tendências, motivações e preferências é um grande desafio, pois o cérebro é o mais complexo órgão do corpo. Compare-o com o coração, outro órgão essencial. Se você quiser descobrir o estado dele, basta se consultar com um cardiologista. Depois de alguns exames, ele poderá lhe informar tudo o que quiser saber. O médico poderá monitorá-lo até que não haja praticamente nenhum mistério sobre o funcionamento do seu coração. Não podemos fazer o mesmo com o cérebro, porque os cerca de 1 bilhão de neurônios tornam esse monte de tecido de cerca de 1,5 quilo algo difícil de analisar. Esse grande emaranhado controla simultaneamente os sentidos, o movimento, o comportamento, a memória, o aprendizado, os batimentos cardíacos, a pressão arterial, o equilíbrio dos fluidos e a temperatura corporal. Porém, da mesma forma que o bombeamento do seu coração se torna evidente pela circulação do sangue, o funcionamento do seu cérebro se reflete em seu comportamento: o que você faz e diz no seu dia a dia.

Padrões de comportamento fornecem as melhores pistas de como uma pessoa pensa e o que ela fará em seguida. O único problema é que pode ser difícil entender esses padrões se você não souber o que está procurando. Cada um de nós possui experiências de vida poderosas que são janelas de diferentes tamanhos para a nossa personalidade. Elas ajudam a elucidar nossas tendências e preferências, mas nos falta a perspectiva mais abrangente para integrá-las em um todo coeso. Então, como podemos descobrir o "código" da nossa personalidade? Uma maneira seria monitorar e registrar seu comportamento durante um longo período de modo a apreender as tendências e preferências que indicam qual é o seu tipo. Obviamente, isso seria uma tarefa árdua e talvez infrutífera, uma vez que a percepção que temos dos nossos próprios atos tende a ser imprecisa. Outra pessoa poderia fazer esse acompanhamento para nós, mas quem poderia nos observar 24 horas por dia, sete dias por semana, para nos classificar com exatidão? Por essa razão, um teste possui a objetividade necessária. Na nossa pesquisa para decifrar o código da personalidade, transformamos o mais popular sistema de perfis em um teste de personalidade on-line fácil de usar, o IDISC. Ele é especial porque lhe permite, por meio da internet, descobrir uma maneira de avaliar objetiva e cientificamente o seu perfil de personalidade em minutos. Tudo o que você precisa é do código exclusivo colado no verso da quarta capa deste livro para ter acesso às perguntas on-line e, com um clique do mouse, ter seu perfil imediatamente analisado. O teste revela em que grau estão presentes em seu comportamento os quatro traços da personalidade – Dominante, Interpessoal, Sensato e Cauteloso – e analisa essa combinação para determinar seu tipo de personalidade.

A possibilidade de avaliar sua personalidade faz deste livro mais do que um exercício. Conhecer seu perfil torna o aprendizado real, relevante e pessoal. O valor de testar a si mesmo é semelhante ao de aprender a dançar valsa com um parceiro de verdade. Se eu lhe explicar como é a dança, é bem possível que você aprenda alguma coisa e até se sinta motivado a tentar sozinho. Porém, se você treinar com um parceiro enquanto eu lhe mostro como é, as chances de se lembrar dos passos mais tarde aumentam exponencialmente. O teste de personalidade IDISC será seu parceiro enquanto você acompanha as estratégias apresentadas no restante deste livro. Ele o lembrará onde colocar o pé em cada batida da música. Ao ler os próximos capítulos e aprender como fazer uso da sua personalidade, é essencial conhecer o seu próprio perfil. Isso o ajudará a refletir sobre a sua condição atual e em que aspectos da sua vida você pode aplicar seu novo conhecimento. Nenhum teste pode fazer isso por você, mas o perfil IDISC o ajudará a compreender suas tendências, preferências e motivações. Se fizer o teste de personalidade IDISC, você expandirá seu autoconhecimento ao descobrir a fonte dos seus talentos e aprender a evitar suas dificuldades. No estudo TalentSmart, descobrimos que essa atitude é essencial para alcançarmos o sucesso. As pessoas que aumentam seu autoconhecimento por meio da análise cuidadosa de seus perfis de personalidade têm muito mais chances de alcançar seus objetivos profissionais e pessoais.

Por dentro do IDISC

A recente profusão de testes de "personalidade" contribuiu para um falso entendimento de como a personalidade molda nossas vidas. Por que isso acontece? Esses testes não passam de uma maneira de classificar e rotular diferenças óbvias entre as pessoas. As distinções arbitrárias oferecidas por eles não foram testadas ou não se sustentaram quando submetidas a análises profundas. Embora esses testes sejam divertidos, eles provocam uma falsa sensação de segurança. Costumamos nos sentir atraídos por qualquer coisa chamada teste de "personalidade" porque esta é parte fundamental daquilo que somos. O ponto negativo é que, uma vez que as pessoas em geral não sabem determinar a validade do teste que estão fazendo, acabam recebendo um retorno que é, no fundo, irrelevante. A enxurrada de testes que oferecem uma falsa compreensão da personalidade se tornou mais do que uma questão acadêmica. Hoje em dia, você não precisa ser leitor de publicações científicas e especializadas para encontrar artigos sobre os perigos dos testes de personalidade. Trata-se de uma preocupação geral crescente que tem sido divulgada em grandes veículos de comunicação. Annie Murphy Paul, que explora a questão a fundo em seu livro *The Cult of Personality* (O culto à personalidade), explica: "Apesar da prevalência dos testes de personalidade – e da importância das questões que pretendem resolver –, eles foram surpreendentemente pouco analisados. Esses testes floresceram à sombra da negligência, crescendo sem limites e trazendo consigo abusos como perguntas invasivas, rótulos imprecisos e resultados falsos."

Somos confundidos pelo fracasso desses testes em determinar o verdadeiro poder da personalidade em nossa vida. Apesar de termos um óbvio conhecimento empírico, nós infelizmente continuamos ignorando o código essencial do comportamento humano, sabendo mais a respeito das características astrológicas tanto nossas quanto de outras pessoas do que sobre nossas próprias personalidades. O teste de personalidade IDISC é um método atualizado de avaliar as características apresentadas pela primeira vez por William Marston, cujo sistema de criação de perfis de personalidade é o mais utilizado e duradouro no mundo. O modelo que ele criou resistiu a mais de 70 anos de análises, avaliações e modificações por ser ao mesmo tempo cientificamente correto e altamente intuitivo. Uma vez que você pode decifrar seu "código" mas não pode modificá-lo, o verdadeiro poder da personalidade está em fazer com que seus pontos fortes e suas tendências trabalhem a seu favor. Porém, descobrir o seu perfil DISC era um processo árduo. O IDISC, que é feito na internet, o simplifica ao comparar suas reações instintivas e seu padrão de respostas com 123 mil configurações possíveis. Seus resultados revelam instantaneamente qual dos 14 tipos de personalidade o descreve melhor. (Para as perguntas mais frequentes sobre o IDISC, ver Apêndice A.)

Quando se testam tantas pessoas, como fizemos durante o estudo TalentSmart, descobre-se rapidamente que os analisados tendem a levar seus resultados muito a sério. Quando os indivíduos fazem um teste que avalia em que grau possuem determinada qualidade – inteligência emocional é um bom exemplo –, isso pode ser uma experiência ameaçadora. Mesmo um executivo cético que acabou de ouvir o termo pela primeira vez não quer ser informado que sua pontuação foi baixa. Essa preocupação tem fundamento, porém não se aplica ao IDISC. Nenhum dos traços de personalidade medidos pelo teste é melhor do que outro. Todos os possuímos em diferentes níveis. Uma vez que a maior parte do nosso comportamento é controlada pela personalidade, compreender os talentos e as dificuldades do nosso perfil é essencial. A pessoa que compreende sua personalidade logo de início é capaz de se orientar com mais rapidez e precisão.

O IDISC apresenta uma série de 112 adjetivos separados em 28 grupos de quatro. Em cada grupo, você deve escolher o adjetivo que o descreve melhor e o que o descreve pior. Esse processo leva cerca de 15 minutos e os resultados ficam permanentemente armazenados on-line. Você pode consultá-los a qualquer momento. No perfil resultante, há vídeos que ajudam a dar vida aos traços DISC – e aos 14 tipos de personalidade em que eles se transformam –, com trechos retirados de filmes, da televisão e de situações reais que ilustram os tipos de personalidade em ação. O que você aprenderá sobre o seu perfil vai ser útil no seu trabalho e na sua vida pessoal, uma vez que essa faceta imutável do seu caráter influi em cada aspecto de seu dia a dia. Você descobrirá os talentos que somente o seu perfil possui, assim como as tendências que o derrubam quando não são controladas. Além disso, a objetividade do teste on-line garante que você aprenderá muito mais sobre sua personalidade do que conseguiria fazê-lo por conta própria.

4
Os 14 tipos de personalidade

Shaquille O'Neal tem mais de 2,10 metros de altura, pesa 160 quilos e usa sapatos tamanho 55. Considerado um dos 50 maiores jogadores de todos os tempos da NBA, liga americana de basquete, o orgulhoso veterano, que não tem papas na língua, tende a se achar o máximo. Dos cinco apelidos que deu a si mesmo no decorrer da carreira, Superman é o seu favorito. Shaq não é o tipo de cara que você quer ter pela frente quando precisa apitar um lance controverso, porém Bob Delaney, árbitro do esporte, não parece se importar.

"Não me sinto nem um pouco intimidado", afirma Delaney. "Tenho absoluta certeza de que vou conseguir lidar com a situação."

Mesmo sob pressão, o veterano árbitro sempre manteve a calma, uma qualidade que o colocou em duas das mais arriscadas profissões do planeta. Antes de apitar na NBA, se disfarçou para se infiltrar no crime organizado. O ano era 1973 e Delaney era um policial de 23 anos do estado de Nova Jersey. Seus superiores o convidaram a entrar no Projeto Alfa, uma iniciativa em parceria com o FBI que tinha como objetivo destruir a família de criminosos DiNorsico. Delaney abraçou a oportunidade. Sob o pseudônimo de Bobby Covert, passou mais de dois anos vivendo como mafioso. O início foi difícil – a máfia não está de portas abertas para qualquer um –, mas o FBI conseguiu que ele entrasse por intermédio de um conselheiro da família que havia se tornado informante. O acordo era simples: o informante recebia imunidade e Bobby era tratado como amigo. Se qualquer um dos dois fosse descoberto, ambos morreriam.

Não demorou muito e Bobby estava faturando vários milhares de dólares em roubos para a máfia. Ele tinha uma transportadora de fachada, a Alamo Transportation, para levar produtos roubados. Mas não podia parar ali, não se quisesse sobreviver.

"Não dá para ficar só fingindo", conta Delaney. "Você tem que se tornar a pessoa que está representando. Eu era presidente da Alamo Transportation... Havia manhãs em que eu estava mais preocupado com os caminhões e com a margem de lucro do que com qualquer outra coisa."

Ele fazia viagens de emergência por todo o país para chefões da máfia e não tardou a se envolver em extorsão e agiotagem. Por fora, Bobby mantinha a frieza de sempre. Com frequência, usava escutas em reuniões nas quais os mafiosos entregavam de bandeja um monte de provas que os incriminavam.

"Eu me vestia e agia como eles da melhor forma possível", recorda Delaney. "Acabei ficando muito bom de papo."

Mesmo sem nunca ter levantado suspeita de ser um infiltrado, por dentro Bob Delaney tinha os nervos à flor da pele. Ele precisava se esforçar ao máximo para manter o controle.

"Eu os beijava no rosto, dançava conforme a música, depois saía da reunião e encostava o carro na beira da estrada para vomitar. Ou então estacionava no primeiro posto de gasolina e corria para o banheiro. Ninguém sabia disso. Ninguém podia saber. No mundo da máfia, informantes não sobrevivem."

Quando a ordem de prisão finalmente foi dada, o trabalho

de Bob Delaney como infiltrado mandou 29 mafiosos para a cadeia. Ele conseguiu convencê-los tão bem de que era criminoso que um dos chefões se recusou a acreditar que ele era policial. No momento da prisão, Bob estava com o FBI enquanto os mafiosos desfilavam algemados na sua frente. Um dos seus colegas no crime gritou: "Ei, Bobby! Qual o motivo para eles terem te prendido?"

Hoje, Bob Delaney é um dos mais respeitados árbitros do basquete profissional, graças, em parte, à sua extraordinária capacidade de manter a cabeça fria. Isso não é fácil quando você está no meio de um estádio lotado com 40 mil torcedores se esgoelando, sendo que todos concordam com aquele Golias de 2,10 metros que está metendo o dedo na sua cara. É um trabalho duro, mas a personalidade de Delaney combina perfeitamente com sua profissão.

Descobrindo os 14 tipos

Bob Delaney descobriu os talentos da sua personalidade – como a habilidade de "manter a calma sob pressão" – depois de anos de angustiantes tentativas e erros. Felizmente, você não precisa passar por uma provação tão penosa para aproveitar o poder do seu tipo de personalidade. A esta altura, você já deve ter acessado a internet para fazer o IDISC e descoberto qual dos 14 tipos de personalidade o descreve melhor. Ao ler a descrição detalhada dos 14 tipos neste capítulo, lembre-se de que cada um representa determinada combinação dos quatro traços de comportamento essenciais: Dominante, Interpessoal, Sensato e Cauteloso. Seja o seu tipo o Detetive, o Diplomata, o Treinador, ou qualquer um dos 14, o nome não se refere à sua profissão. Trata-se apenas de um termo que captura a essência dos talentos e das dificuldades referentes a um tipo de personalidade.

Os 14 tipos de personalidade representam as mais claras e úteis diferenças entre as pessoas. Quando descobrimos a qual tipo uma pessoa pertence, fica mais fácil entender quais são seus princípios, pois aprendemos como ela reage ao ambiente a sua volta, como prefere lidar com suas obrigações e gerenciar seu tempo e sua energia. Você vai conhecer as características que definem as pessoas de cada tipo de personalidade. Descobrirá com que frequência ele surge na população, além de pessoas famosas que se encaixam em cada perfil e como o usaram a seu favor. Analise os prós e os contras das descrições pensando nas pessoas com as quais convive e você começará a vê-las sob uma novíssima perspectiva.

Os 14 tipos de personalidade

(e a porcentagem da população que se encaixa em cada um deles)

Aliado	5%
Arquiteto	13%
Treinador	9%
Detetive	9%
Diplomata	9%
Empreendedor	7%
Especialista	6%
Inovador	3%
Mobilizador	3%
Motivador	13%
Oportunista	2%
Pesquisador	4%
Relações-Públicas	16%
Estrategista	1%

Aliado

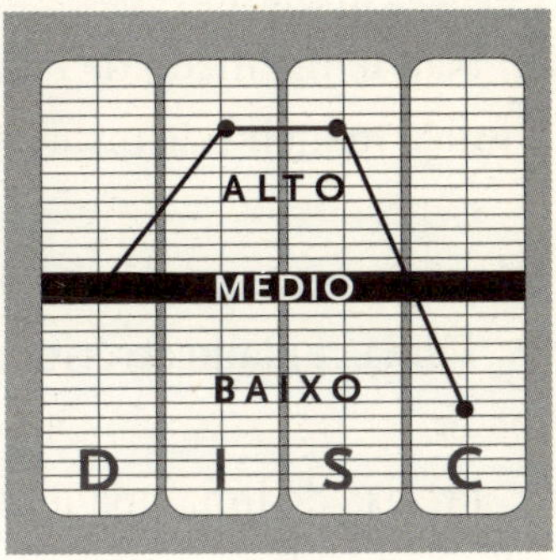

Acima de tudo, você valoriza a qualidade dos seus relacionamentos. Tem uma habilidade aguçada para estabelecer vínculos com outras pessoas, o que é um elemento que chama atenção neste perfil identificado em apenas 5% da população. Seu trato com as pessoas é útil durante conflitos, pois você consegue contornar situações difíceis alcançando um resultado satisfatório para todos os envolvidos. Muitas vezes se coloca em segundo plano para que os outros se sintam admirados, o que não é nenhuma surpresa, pois você dá muita importância a ser aceito e, quando alguém o trata com grosseria, tende a levar para o lado pessoal. O apresentador de talk-show Johnny Carson é um exemplo de Aliado famoso.

Talentos:

Estar sempre disposto a ouvir
Trabalhar em equipe
Ajudar o próximo

Dificuldades:

Manter a motivação ao trabalhar sozinho
Tolerar grosserias
Falar o que pensa

Como aproveitar ao máximo seu perfil de Aliado:

Use seu grande talento como ouvinte para ajudar quem precisa de apoio.

Confie no seu círculo de amizades. Os bons relacionamentos que você criou fazem com que as outras pessoas se sintam dispostas a apoiá-lo.

Não tenha medo de falar o que pensa. Às vezes, ser assertivo é a única maneira de resolver um problema.

Dicas para se aproximar de um Aliado:

Tenha cuidado ao criticar. Um Aliado levará a sério o que você disser.

Precisa de uma boa ideia para ajudar as pessoas a se sentirem admiradas? Peça o conselho de um Aliado. Ele presta atenção às motivações do próximo.

Aliados gostam de administrar relacionamentos difíceis. Deixe-os assumir o controle quando a relação entre duas pessoas azeda.

Profissões para um Aliado:

Sua habilidade como ouvinte e seu talento para se aproximar das pessoas são qualidades valiosas raramente encontradas no mercado de trabalho. Enquanto a maioria de nós precisa se esforçar para ter paciência ao lidar com problemas alheios, seu desejo de ajudar o próximo é evidente. Seu jeito natural com as pessoas possibilita a você ter sucesso em profissões que envolvam auxiliá-las, assim como em qualquer emprego no qual possa defender seus direitos. Embora esta lista esteja longe de ser completa, seu tipo de personalidade combina com as seguintes profissões: conselheiro, representante de atendimento ao cliente, arrecadador de recursos, lobista, caçador de talentos e enfermeiro.

Arquiteto

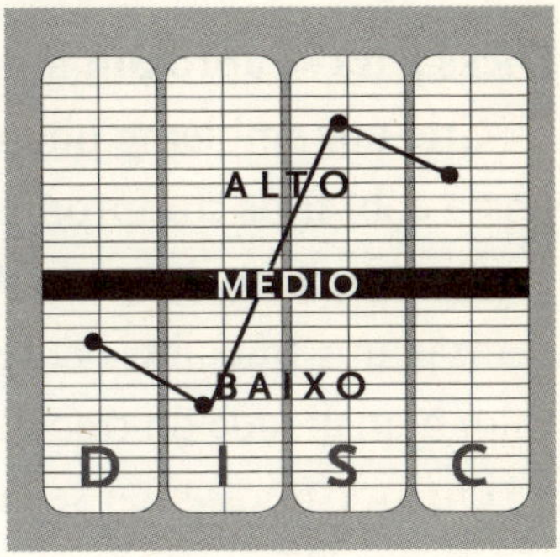

O seu principal objetivo é conseguir que algo seja feito corretamente, e você possui uma grande lucidez para determinar a maneira certa de se tocar um projeto. Você é sério e tem ideias inovadoras, ao mesmo tempo que é analítico e determinado. Gosta de ambientes estáveis e bem estruturados e prefere trabalhar com prazos e expectativas claros. Geralmente analisa bastante as informações antes de tomar uma decisão e sacrifica o tempo que for para terminar o que se propôs a fazer. O produtor de cinema George Lucas se encaixa no perfil do Arquiteto, assim como 13% da população.

Talentos:

Refletir muito antes de tomar decisões
Ter grande capacidade de organização
Prestar atenção aos detalhes

Dificuldades:

Pensar no quadro geral
Seguir seus instintos
Tolerar mudanças

Como aproveitar ao máximo seu perfil de Arquiteto:

Não tenha medo de confiar nos seus instintos quando a situação exigir.

Tente evitar que as mudanças o peguem de surpresa; muitas vezes está claro que elas vão ocorrer.

Escolha tarefas que lhe possibilitem ver os resultados dos seus esforços a cada passo.

Dicas para se aproximar de um Arquiteto:

Crie um ambiente no qual as expectativas sejam claras e você possa cobrar os compromissos assumidos.

Certifique-se de que o Arquiteto tenha tempo suficiente para realizar um trabalho benfeito. Pessoas com esse perfil dão mais valor à qualidade do trabalho do que ao cumprimento de prazos.

Quando apresentar seu argumento a um Arquiteto, certifique-se de que ele é bem fundamentado.

Profissões para um Arquiteto:

Seu desejo inabalável de que as coisas sejam feitas da forma correta é uma qualidade essencial em qualquer ambiente de trabalho. Poucas pessoas possuem a clareza e a orientação para o propósito que você emprega na realização de uma tarefa. Aliada à sua grande capacidade de raciocínio analítico, sua habilidade natural de levar as coisas até o fim permite que você tenha sucesso em profissões altamente técnicas que exijam enorme atenção aos detalhes. Embora esta lista esteja longe de ser completa, seu tipo de personalidade combina com as seguintes profissões: arquiteto, engenheiro, gerente de sistemas de informação, gerente de operações, analista de controle de qualidade, revisor, desenvolvedor de software, contador e supervisor.

Treinador

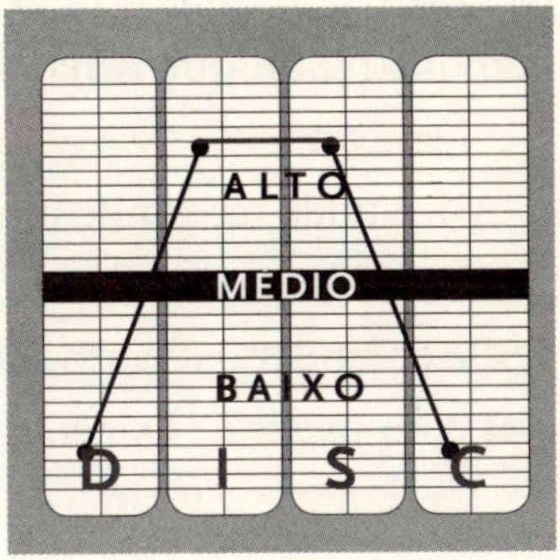

A sua maior satisfação é ajudar o próximo a dar o melhor de si. Você incansavelmente dedica seu tempo a desenvolver os talentos de outras pessoas e as auxilia a alcançarem todo o seu potencial. Valoriza os relacionamentos longos e significativos, que prosperam muito facilmente diante de sua receptividade e complacência. Quando consultado, você muitas vezes sugere soluções para os problemas, mas deixa que a decisão final seja da outra pessoa. Confia nos outros e está sempre procurando e destacando as boas qualidades deles. Nove por cento da população se encaixa nesse perfil.

Talentos:

Compreender o que motiva as pessoas
Explorar o potencial do próximo
Incentivar o companheirismo

Dificuldades:

Encontrar tempo para se dedicar às suas tarefas
Falar a verdade, mesmo que ela possa magoar
Lidar com pessoas cujo desempenho é abaixo da média

Como aproveitar ao máximo seu perfil de Treinador:

Concentre-se na atividade em questão. Se não se mantiver concentrado, ela pode facilmente deixar de ser prioridade para você, prejudicando seu desempenho.

Pense nas críticas como uma tentativa de ajudá-lo a desenvolver seus talentos. Embora as outras pessoas nem sempre gostem de dar feedback tanto quanto você, ouvi-las com atenção, demonstrando que reage bem a críticas, reforçará a confiança e o coleguismo.

Você pode ter muita dificuldade em lidar com pessoas displicentes, dada a sua relutância em incutir suas ideias nos outros. Tente entender os pontos de vista dos demais antes de confrontá-los com níveis de exigência inflexíveis.

Dicas para se aproximar de um Treinador:

Está precisando de uma injeção de ânimo? Fale com um Treinador. Eles estão sempre dispostos a lembrar as outras pessoas de suas conquistas.

Um Treinador precisa de uma forcinha para se concentrar não só nas pessoas, mas nas suas próprias tarefas.

É a pessoa ideal a ser consultada quando você precisa de ajuda para vencer desafios e resolver problemas no trabalho.

Profissões para um Treinador:

Você traz à tona o potencial de outras pessoas de maneiras que poucos são capazes de fazer. Uma vez que estabelece naturalmente relacionamentos longos e significativos, você foi feito para ter sucesso em empregos que valorizem uma política de portas abertas e contato frequente com pessoas que precisem de seus conselhos e apoio. Embora esta lista esteja longe de ser completa, seu tipo de personalidade combina com as seguintes profissões: treinador esportivo, orientador vocacional, enfermeiro particular, analista de recursos humanos, professor e gerente de treinamento e desenvolvimento de profissionais.

Detetive

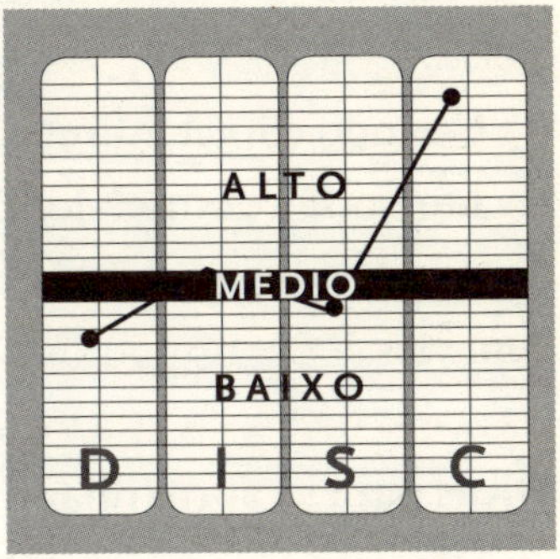

Seu raciocínio é dominado pela lógica e pela razão. Você tende a se concentrar nos fatos, pois o critério que adota para avaliar as ideias é a precisão. Sua capacidade de juntar informações e tomar decisões com base nelas pode lhe ser muito útil tanto na carreira quanto na vida de um modo geral. Você está sempre disposto a levar o tempo que for para chegar ao fundo da questão, por mais difícil que seja, e espera que os outros ajam da mesma forma. Sua tendência a levar em consideração o ponto de vista de terceiros o ajuda a aplicar sua lógica ao quadro geral. O perfil do Detetive é identificado em 9% da população e inclui célebres solucionadores de problemas, como Thomas Edison e Albert Einstein.

Talentos:

Enfatizar o impacto final das atitudes
Reunir informações para tomar decisões seguras
Estabelecer diretrizes e padrões de excelência

Dificuldades:

Admitir erros
Tomar decisões rápidas
Abrir-se

Como aproveitar ao máximo seu perfil de Detetive:

Quando uma decisão precisa ser fundamentada por pesquisas e dados sólidos, não hesite em oferecer seus serviços.

Para conquistar maior nível de confiança e colaboração nos seus relacionamentos, aproveite as oportunidades de revelar o que pensa sobre determinada questão e como se sente em relação a ela.

Quando cometer um erro, pergunte aos outros o que pode ter levado você a cometê-lo. Buscar informações e opiniões alheias demonstra que você está disposto a admitir seus erros e aprender com eles.

Dicas para se aproximar de um Detetive:

Dê tempo para um Detetive pensar sobre a solução de um problema. Pessoas com esse perfil precisam analisar os dados que sustentam qualquer tipo de opinião.

Inclua o Detetive em planos e estratégias em desenvolvimento. Eles são bons em antever problemas e encontrar soluções.

Tenha em mente que os Detetives geralmente não gostam da ideia de outras pessoas apontarem falhas em seus trabalhos.

Profissões para um Detetive:

Você se destaca quando tem a oportunidade de reunir fatos e tomar decisões com base neles utilizando a lógica e a razão. Terá sucesso em empregos que exijam que você busque informações e encontre respostas, independentemente do tempo que isso leve. Embora esta lista esteja longe de ser completa, seu tipo de personalidade combina com as seguintes profissões: perito de sinistros, analista de crédito, detetive particular, especialista em gestão e em controle de qualidade.

Diplomata

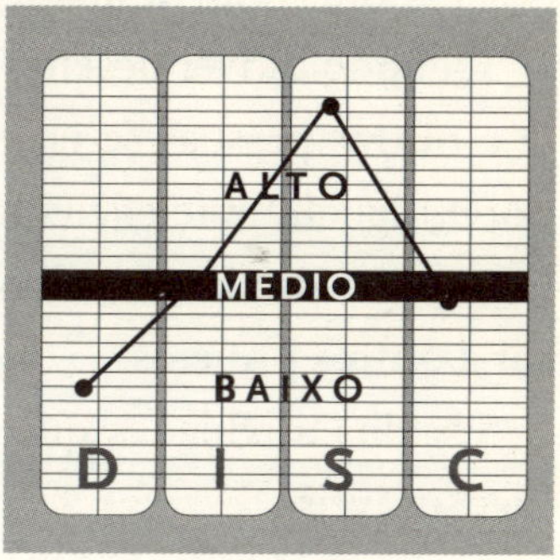

Você tem a habilidade de se relacionar com quase todos os perfis, e as pessoas o consideram caloroso e receptivo. Vê o respeito como a base de qualquer relacionamento, trabalha duro para que os outros se sintam respeitados e espera que ajam da mesma forma com você. Sente-se mais à vontade em um ambiente estável e se esforça consideravelmente para criar e manter o mesmo tipo de estabilidade na sua vida. Dá muita importância à harmonia, portanto não gosta de surpresas. O Dalai-Lama é um exemplo de Diplomata famoso. Esse perfil pode ser encontrado em 9% da população.

Talentos:

Encontrar boas soluções

Manter a atividade em andamento mesmo diante de adversidades

Ser modesto

Dificuldades:

Evitar o fogo cruzado quando está em missão de paz

Receber o merecido reconhecimento

Defender-se

Como aproveitar ao máximo seu perfil de Diplomata:

Às vezes sua modéstia pode atrapalhar a compreensão dos outros sobre a verdadeira extensão das suas experiências. Se você não passar essa informação adiante, pessoas que ignoram seus talentos e conhecimento podem se esquecer de você para novas e desafiadoras oportunidades.

Quando estiver desempenhando determinada tarefa, pergunte a outras pessoas se elas descobriram maneiras mais rápidas, porém igualmente eficientes, de alcançar o mesmo resultado. Se você pegar um bom atalho, terá mais tempo ainda para se dedicar a outros projetos.

Escolha atividades que apresentem resultados consistentes e mensuráveis.

Dicas para se aproximar de um Diplomata:

Diplomatas são bem-intencionados e cordiais e gostam de se relacionar com vários tipos diferentes de personalidade.

Um Diplomata prefere um progresso estável e controlado a ter *qualquer tipo* de surpresas.

Se quiser saber o que as pessoas estão pensando e sentindo, pergunte a um Diplomata. Ele tende a ser muito sensível à opinião do grupo.

Profissões para um Diplomata:

Você é o elemento que dá liga a uma equipe. Seu talento para deixar as pessoas à vontade e encontrar soluções que geram resultados é incomparável. Você terá sucesso em cargos nos quais o trabalho seja feito em grupo e em um ambiente estável. Embora esta lista esteja longe de ser completa, seu tipo de personalidade combina com as seguintes profissões: zelador, analista de recursos humanos, mediador, ombudsman, político e gerente de projetos.

Empreendedor

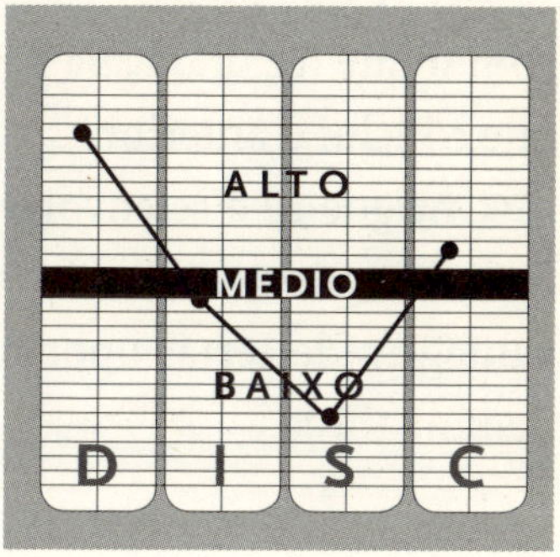

Assumir riscos e levar as coisas adiante é o que lhe dá energia. Você fica entediado rapidamente e gosta de variedade. Quando os projetos são novos e empolgantes, sente um pico de energia que considera o seu estado ideal. Você se esforça ao máximo para alcançar todo tipo de objetivo e espera que os outros ajam do mesmo modo. Acima de quase tudo, dá valor à independência e a estar no controle, podendo ser audaz e às vezes incisivo quando acredita de verdade em alguma coisa. Empreendedores representam 7% da população e entre os membros mais famosos desse grupo está o empresário Bill Gates.

Talentos:

Concentrar-se no resultado final
Ter grande habilidade de correr riscos
Assumir o controle

Dificuldades:

Trabalhar em grupo
Demonstrar prudência
Ser paciente

Como aproveitar ao máximo seu perfil de Empreendedor:

Muitas vezes as pessoas têm dificuldade em entender por que você tem que agir tão rapidamente. Fazer uma pausa e explicar suas motivações aos seus companheiros o ajudará bastante a se sentir compreendido.

Aceite que poucas vezes você ficará profundamente satisfeito com o que fez. É da sua natureza buscar um novo desafio assim que conclui o anterior.

Obrigue-se a se envolver em situações que exigem paciência. Se você tratar a paciência como um desafio necessário para obter vantagem de certas oportunidades, é mais provável que consiga demonstrá-la.

Dicas para se aproximar de um Empreendedor:

Lembre-se de que os Empreendedores tendem a ser pessoas ocupadas e podem até gostar de se matar de trabalhar em um projeto difícil para concluí-lo.

Empreendedores têm que acumular pontos todos os dias para se sentirem bem-sucedidos. Fique atento a isso, pois é bem possível que eles estejam contando com sua observação.

Não demore a elogiar um Empreendedor, em especial quando ele der o sangue em um projeto, por exemplo, chegando mais cedo que o habitual ou fazendo hora extra. Empreendedores gostam quando seus esforços são reconhecidos.

Profissões para um Empreendedor:

Sua energia e seu entusiasmo são inigualáveis quando você está trabalhando em algo do seu interesse. As mudanças são o seu combustível e você adora romper fronteiras, de modo que terá sucesso em um ambiente de trabalho dinâmico que lhe dê liberdade para criar. Embora esta lista esteja longe de ser completa, seu tipo de personalidade combina com as seguintes profissões: advogado, empresário, consultor, jornalista investigativo, desenvolvedor de produtos e especulador financeiro.

Especialista

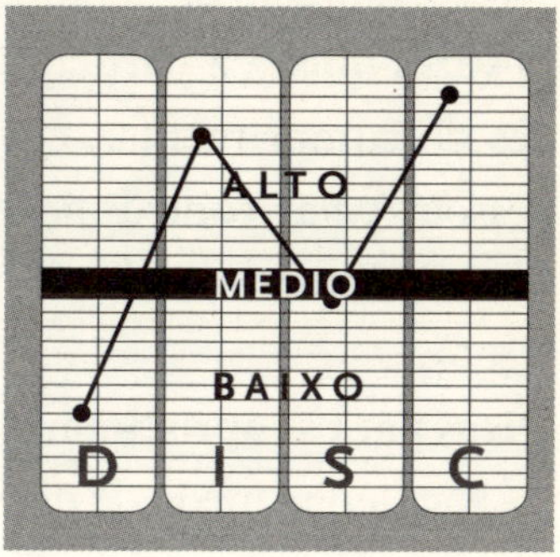

Você tem muito conhecimento em várias áreas e gosta de discutir e debater assuntos do seu interesse. Adora aprender e trabalha ardorosamente para se aprimorar. É também o seu crítico mais impiedoso e sabe como se manter focado em uma tarefa e garantir que o seu trabalho saia bom e dentro do prazo. As pessoas o consideram perfeccionista, mas o acham também formal e contido em ambientes sociais. Apenas 6% da população é formada por Especialistas.

Talentos:

Pegar o jeito das coisas rapidamente
Ter grande capacidade para resolver problemas
Ter iniciativa e automotivação

Dificuldades:

Reconhecer a contribuição de outras pessoas
Abster-se de julgar o próximo
Exigir menos de si mesmo

Como aproveitar ao máximo seu perfil de Especialista:

As pessoas o veem como o especialista do grupo por conta do seu interesse em fatos e informações. Elas recorrem a você para qualquer tipo de resposta, então não seja tão duro consigo mesmo quando não souber responder a alguma pergunta.

Aposte na capacidade de aprender dos outros e delegue novas funções. Isso vai gerar confiança e senso de responsabilidade.

O seu desejo de demonstrar domínio técnico no seu trabalho às vezes ofusca a participação dos demais. Busque oportunidades de cumprimentar, em público ou em particular, as outras pessoas pelas contribuições que fazem a determinado projeto ou trabalho.

Dicas para se aproximar de um Especialista:

Não tenha medo de desafiar um Especialista a desenvolver conhecimento em um novo assunto ou área. Pessoas com esse perfil lutam para estar por dentro e se esforçarão bastante para aprender o máximo que puderem sobre uma nova área.

Todo Especialista exige muito de si mesmo e julgará outras pessoas com base na disciplina delas para chegar a esse mesmo grau de excelência.

Peça a um Especialista que desenvolva um sistema de armazenagem e compartilhamento do conhecimento que ele possui.

Profissões para um Especialista:

Seu talento para construir uma ampla gama de conhecimentos em determinada área de atuação, aliado ao seu desejo insaciável de aprender, torna você uma joia rara em carreiras que envolvem transmitir orientação e know-how a outras pessoas. Embora esta lista esteja longe de ser completa, seu tipo de personalidade combina com as seguintes profissões: analista, escritor, crítico, consultor financeiro, bibliotecário, professor e inspetor de qualidade.

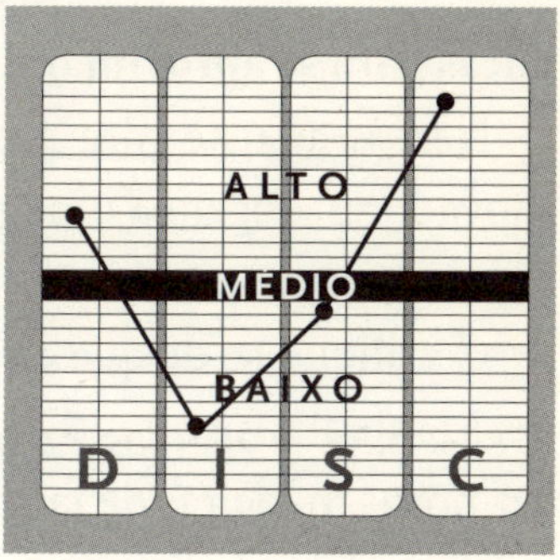

Colocar a criatividade em ação é o que o estimula. Você se adapta bem a mudanças e tem uma visão voltada para o futuro e para como as coisas devem ser. Está sempre pensando em novas maneiras de lidar com as situações e de interpretá-las e as leva até o fim. Não tem medo de desafiar a norma vigente e fica desmotivado quando não pode fazer as coisas do seu jeito. Você compartilha seu perfil de Inovador com apenas 3% da população. Elvis Presley e Pablo Picasso estão entre os Inovadores mais famosos.

Talentos:

Mudar de uma atividade para outra com facilidade
Colocar novas ideias em prática
Extrair energia da criatividade

Dificuldades:

Resistir aos impulsos
Aguentar o tédio
Demonstrar solidariedade

Como aproveitar ao máximo seu perfil de Inovador:

Evite projetos que impliquem rotina e atividades repetitivas.

Faça um esforço para se aproximar de pessoas que são diferentes de você, mesmo que não goste delas.

Ao oferecer feedback a seus funcionários, preste atenção ao seu tom de voz e à maneira como fala. Esforce-se para mesclar emotividade com profissionalismo, ou seja, gentileza ou empatia com críticas objetivas.

Dicas para se aproximar de um Inovador:

Não se assuste com a quantidade de energia com a qual os Inovadores reagem a uma nova ideia ou um conceito que os deixe entusiasmados.

Certifique-se de que eles tenham chance de usar a criatividade. Mantenha-se receptivo à tendência que eles têm de desenvolver novas maneiras de fazer as coisas.

Quando trabalha em equipe, um Inovador tende a sacrificar relacionamentos interpessoais em benefício da sua individualidade e dos seus altos padrões de excelência. Se você achar que deve conversar com ele sobre esse tipo de comportamento, é melhor fazê-lo em particular.

Profissões para um Inovador:

Sua energia criativa e sua tendência a pensar de modo diferente dos padrões convencionais são raramente encontradas em qualquer local de trabalho. Você foi feito para ter sucesso em empregos que dependam da criatividade na resolução de problemas. Embora esta lista esteja longe de ser completa, seu tipo de personalidade combina com as seguintes profissões: artista, redator de publicidade, designer, editor, engenheiro especializado em ergonomia, produtor e roteirista.

Mobilizador

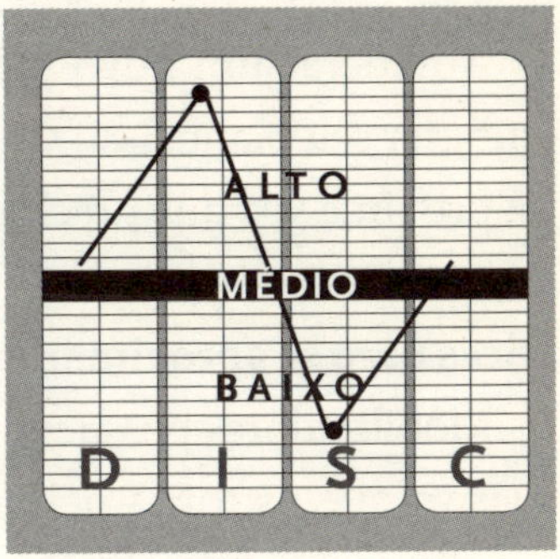

Sua índole extrovertida e cordial torna fácil para as pessoas seguirem sua liderança. Você realmente se interessa pelas pessoas à sua volta, e elas valorizam isso. Gosta de testar seus limites e de participar de atividades desafiadoras, alcançando seus objetivos com frequência. Por quê? Porque você possui um otimismo intrínseco diante das adversidades que o ajuda a superar desafios. Seu perfil é raro: apenas 3% da população pode ser classificada como Mobilizadora. Entre as celebridades que compartilham do seu tipo estão a apresentadora americana Oprah Winfrey e o ex-presidente dos Estados Unidos John F. Kennedy.

Talentos:

Vender (ideias, produtos ou serviços)
Tornar as coisas divertidas
Ter autoconfiança

Dificuldades:

Desconfiar das pessoas
Tolerar ambientes estáticos e rotineiros
Tomar decisões

Como aproveitar ao máximo seu perfil de Mobilizador:

Seu otimismo e seu entusiasmo são bem-vindos em quase todos os lugares. Não tenha medo de demonstrá-los.

Seu estilo extrovertido, aliado a seu jeito aberto e sociável, pode ser usado para conquistar a posição de autoridade que você deseja.

Ao liderar um novo projeto, reúna informações e fatos para embasar seu plano. Isso vai reforçar sua credibilidade e o ajudará na próxima vez que precisar vender uma grande ideia.

Dicas para se aproximar de um Mobilizador:

Mobilizadores possuem uma personalidade inspiradora e persuasiva que os torna perfeitos para impulsionar outras pessoas em direção a seus objetivos. Certifique-se de lhes oferecer essa oportunidade quando puder.

Têm um talento especial para iniciar um diálogo com novos membros da equipe, clientes habituais ou em potencial, além de persuadi-los a trabalhar com você.

Por quererem confiar no próximo, Mobilizadores podem ficar indecisos em situações especialmente estressantes. É preciso forçá-los a recuperar a perspectiva nesses casos.

Profissões para um Mobilizador:

Seu otimismo inabalável diante das adversidades e sua capacidade de colocar as pessoas em ação são raridades em qualquer ambiente de trabalho. Essas qualidades valiosas o ajudarão em carreiras que envolvam direcionar as pessoas a um resultado desejado. Embora esta lista esteja longe de ser completa, seu tipo de personalidade combina com as seguintes profissões: monitor de colônia de férias, assessor de campanha política, promotor de eventos, gerente de operações, personal trainer e administrador escolar.

Motivador

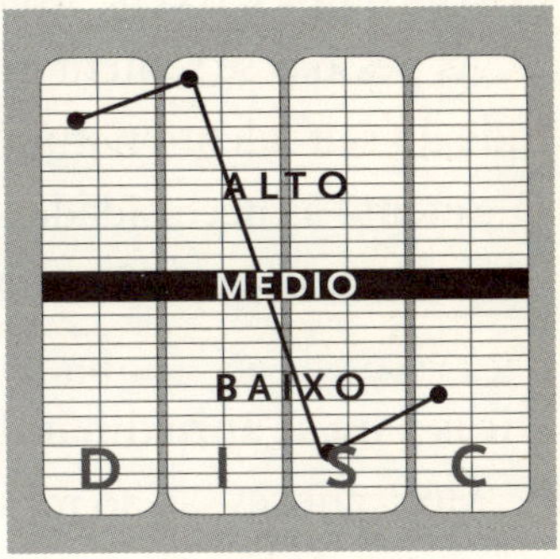

Você é sociável e charmoso, e seu "jeito com as pessoas" o ajuda a conquistá-las com facilidade. Nos momentos difíceis, você é motivado pelo desejo de garantir um resultado satisfatório para todos os envolvidos e, muitas vezes, alcança esse objetivo graças à sua habilidade de atender a diferentes necessidades. Valoriza a admiração das outras pessoas, e por isso acaba dando muita atenção aos pessimistas. O perfil do Motivador é um dos mais comuns, sendo identificado em 13% da população. O ex-presidente dos Estados Unidos Ronald Reagan e o ativista político americano Jesse Jackson são exemplos de famosos Motivadores.

Talentos:

Unir as pessoas
Demonstrar habilidades verbais
Ter carisma

Dificuldades:

Estabelecer limites em relação ao próximo
Gerenciar o tempo
Lidar com pessimistas

Como aproveitar ao máximo seu perfil de Motivador:

As pessoas logo o veem como amigo por conta de sua sociabilidade e seu carisma. Não fique surpreso quando novos contatos agirem dessa forma.

Impulsione uma atividade ou um projeto usando suas habilidades verbais bem desenvolvidas para apresentar novos membros à equipe e recebê-los bem.

As pessoas se sentem motivadas a trabalhar com você em virtude do seu talento natural para descobrir o que as estimula. Fique atento às necessidades dos membros da sua equipe e use esse conhecimento para fomentar a lealdade.

Dicas para se aproximar de um Motivador:

Motivadores são ao mesmo tempo cordiais e fáceis de agradar. Não esconda seu entusiasmo e sua ternura.

Quando membros da equipe não estiverem se relacionando bem, um Motivador e um Aliado formarão uma ótima dupla para encontrar uma solução para o grupo.

Quando outras pessoas o deixarem confuso, peça conselhos a um Motivador. É bem provável que a perspicácia dele o ajude a entender qual a intenção delas.

Profissões para um Motivador:

Seu carisma e seu charme conquistam as pessoas de maneiras que os outros tipos de personalidade não conseguem. Seu talento para atender às necessidades de pessoas com diferentes pontos de vista faz com que você seja capaz de propor novas ideais de forma persuasiva. Embora esta lista esteja longe de ser completa, seu tipo de personalidade combina com as seguintes profissões: clérigo, especialista de marketing, assessor de imprensa, mediador, pedagogo, representante de vendas e corretor imobiliário.

Oportunista

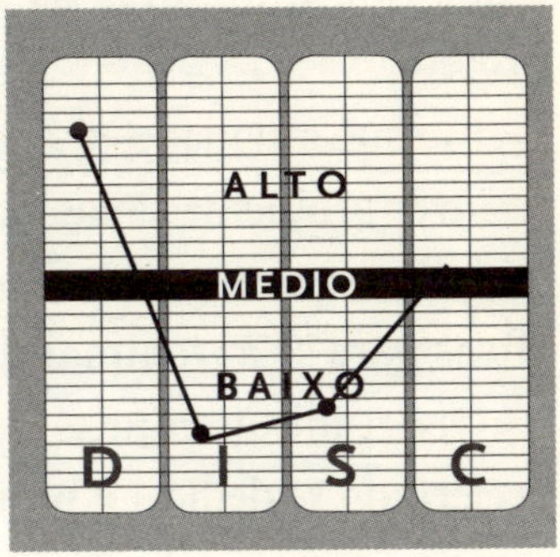

Você é independente e gosta de ser inovador no que faz. Não permite que nada o impeça de executar um bom trabalho dentro do prazo. Preocupa-se muito com sua responsabilidade pessoal e, como era de esperar, possui o mesmo nível de exigência em relação ao próximo. Este é um dos perfis mais raros, compartilhado por apenas 2% da população. Entre os oportunistas mais famosos estão o estadista Teddy Roosevelt e o inventor americano Henry Ford, que ficaram conhecidos pelo trabalho duro, pela autoconfiança, pela capacidade de inovar e pela vontade de contestar o sistema.

Talentos:

Encontrar soluções sozinho
Resolver problemas com engenhosidade
Cumprir prazos

Dificuldades:

Trabalhar em grupo
Respeitar tradições
Lidar com a rotina

Como aproveitar ao máximo seu perfil de Oportunista:

Reconheça as contribuições dos outros. Quando deixa de fazer isso, sua autoconfiança pode afastar pessoas cujo trabalho é valioso.

A voracidade por resultados pode desviar sua atenção da qualidade. Busque o apoio de pessoas detalhistas que possam ajudá-lo a monitorar os diversos aspectos qualitativos de um projeto.

Busque atividades que o obriguem a usar a criatividade para resolver problemas, mas que não envolvam muita rotina.

Dicas para se aproximar de um Oportunista:

Oportunistas muitas vezes fogem de atividades em grupo, preferindo se dedicar a projetos ou questões individuais. Deixe-os explorar essa tendência.

Raramente os Oportunistas se baseiam em métodos tradicionais para resolver problemas. Eles são movidos pela descoberta de maneiras criativas de lidar com um desafio.

Oportunistas são uma boa escolha para ajudar uma equipe a cumprir prazos, pois eles sabem vencer obstáculos que geralmente atravancam um grupo.

Profissões para um Oportunista:

Sua independência e relutância em deixar que algo o impeça de conseguir fazer as coisas do jeito certo são difíceis de exercer em qualquer local de trabalho. Você se destaca em carreiras que dão mais valor a essas qualidades do que à maioria das outras. Embora esta lista esteja longe de ser completa, seu tipo de personalidade combina com as seguintes profissões: ator, diretor de desenvolvimento empresarial, inventor, paisagista, desenvolvedor de produtos e desenvolvedor imobiliário.

Pesquisador

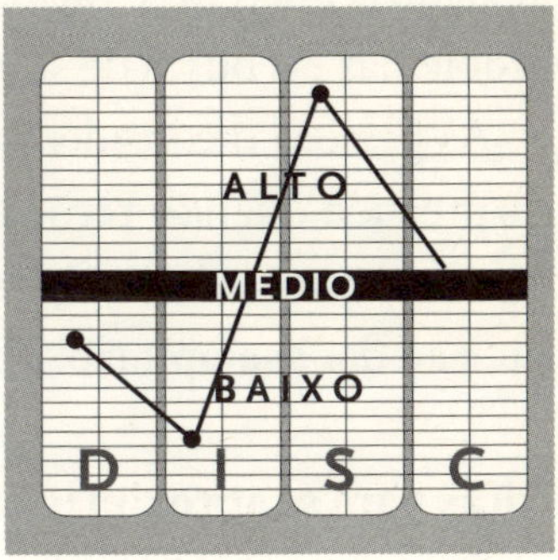

Sendo um Pesquisador, quase tudo o que você faz se caracteriza por uma plena confiança na lógica e na razão para resolver problemas e uma vontade inabalável de concluir projetos. Você possui determinação fora do comum e imprime muita dedicação a tudo o que faz. Não se incomoda em trabalhar sozinho para alcançar objetivos e possui uma opinião formada e sólida sobre o que dá certo e o que não dá. Apenas 4% da população compartilha desse perfil, incluindo o megainvestidor Warren Buffet.

Talentos:

Concluir tarefas sem deixar questões em aberto
Usar a lógica e a razão
Ter autoconfiança

Dificuldades:

Demonstrar emoções
Confiar nos seus instintos
Aceitar mudanças

Como aproveitar ao máximo seu perfil de Pesquisador:

Em razão da sua natureza discreta e estável, outros podem interpretar seu estilo como frio e desinteressado. Você pode evitar que isso aconteça explicando sua paixão pelos fatos e pelas informações objetivas.

A lógica e a razão lhe interessam mais do que as emoções e os sentimentos, então você deve buscar atividades que dependam de dados concretos e raciocínio analítico para a interpretação de problemas e a busca de soluções.

As pessoas o consideram racional e meticuloso, então não se surpreenda quando recorrerem a você para testarem suas ideias ou as de outros indivíduos. Tenha cuidado para não ser muito rude ao dar sua opinião, pois isso pode afastar as pessoas.

Dicas para se aproximar de um Pesquisador:

Quando apresentar uma ideia ou opinião a um Pesquisador, não deixe de embasar seu posicionamento com dados concretos.

Pesquisadores precisam de objetivos claros e planos organizados para trabalharem bem em um projeto.

Você terá muito mais chances de convencer um Pesquisador por meio do raciocínio lógico do que mediante demonstrações de emoção.

Profissões para um Pesquisador:

Você é firme em suas crenças e gosta de trabalhar de forma independente para solucionar problemas que exigem concentração intensa e dependem inteiramente da lógica para serem resolvidos. São essas qualidades que fazem você se destacar e é difícil encontrá-las nos outros tipos de personalidade. Você se sobressai em carreiras que exigem esse tipo de concentração no dia a dia, uma vez que seus concorrentes não estarão à altura do desafio. Embora esta lista esteja longe de ser completa, seu tipo de personalidade combina com as seguintes profissões: atuário, antropólogo, eletricista, juiz, ortodontista, piloto, cientista e cirurgião.

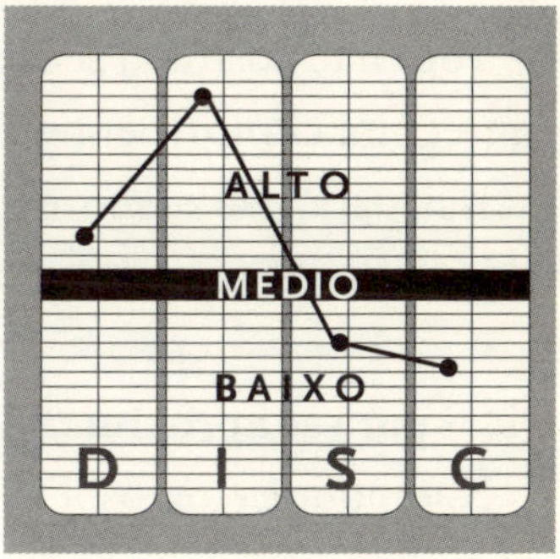

Você tem facilidade para fazer amigos e dá valor a conhecer várias pessoas de diferentes estilos de vida. Gosta de colocá-las em contato por motivos profissionais ou pessoais, assim como de montar sua própria rede de contatos. Tem o hábito de mostrar seu apreço por aqueles à sua volta, embora às vezes talvez fale demais. Busca ativamente oportunidades de se socializar, o que o leva a uma variedade de grupos sociais informais. O perfil de Relações-Públicas é o mais comum de todos, embora mesmo assim seja compartilhado por apenas 16% da população. O jogador de basquete Shaquille O'Neal é um exemplo de Relações-Públicas famoso.

Talentos:

Elogiar publicamente o trabalho de outras pessoas
Ser adepto de todas as formas de comunicação
Promover a harmonia entre as pessoas

Dificuldades:

Falar demais
Prometer apenas o que está a seu alcance
Cumprir o prometido

Como aproveitar ao máximo seu perfil de Relações-Públicas:

Você gosta de falar com outras pessoas e busca oportunidades para essas conversas, às vezes comprometendo sua concentração em determinada atividade ou projeto.

Não subestime sua facilidade para fazer amigos e contatos por intermédio do seu estilo extrovertido e cordial. As pessoas gostam dessa sua característica.

Você não costuma ser realista e promete certas coisas que não conseguirá cumprir em razão da sua agenda. Controle essas promessas para não assumir compromissos demais. Isso o tornará mais confiável aos olhos dos outros.

Dicas para se aproximar de um Relações-Públicas:

Não poupe elogios. Um Relações-Públicas adora saber que o seu trabalho está sendo reconhecido.

Relações-Públicas são rapidamente aceitos em diferentes círculos sociais e não têm dificuldade de serem incluídos em novos grupos.

O otimismo de um Relações-Públicas é bem-vindo em momentos de tensão que inevitavelmente surgem em equipes.

Profissões para um Relações-Públicas:

A energia intensa que você obtém ao estar cercado de pessoas não possui paralelos nos demais tipos de personalidade. O que você considera interações interpessoais diárias são uma maneira de se relacionar com outros indivíduos que é altamente valorizada em qualquer ambiente de trabalho. Você terá sucesso em carreiras que privilegiem essas interações e lhe permitam conversar bastante. Embora esta lista esteja longe de ser completa, seu tipo de personalidade combina com as seguintes profissões: promotor de eventos, relações-públicas, âncora de jornal, fisioterapeuta, locutor de rádio e recepcionista.

Estrategista

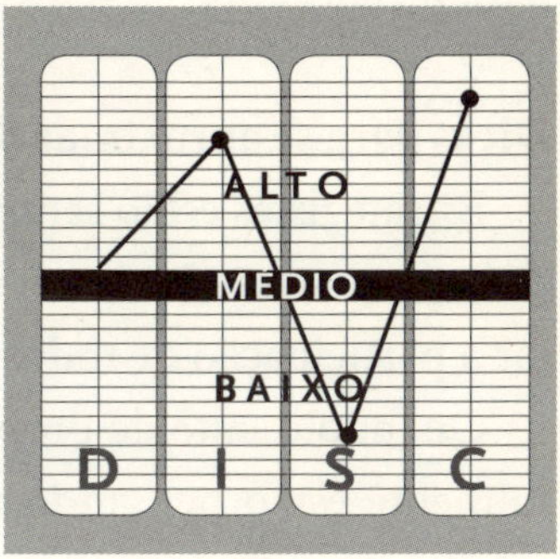

Você é adepto de planejar e construir um caminho que as pessoas possam seguir. É meticuloso em suas estratégias e possui uma extraordinária habilidade de pensar alguns passos adiante. Isso ajuda a diminuir as dores de cabeça daqueles à sua volta, pois sabem que seu plano vai funcionar na maior parte das vezes. Você é o mais raro de todos os tipos, compartilhando esse perfil com apenas 1% da população.

Talentos:

Encontrar soluções eficientes
Elaborar um plano de ação claro
Conquistar a confiança daqueles que trabalham com você

Dificuldades:

Fazer críticas construtivas
Ter paciência
Vencer o medo de falhar

Como aproveitar ao máximo seu perfil de Estrategista:

No seu desejo de tirar vantagem de uma nova e empolgante forma de acelerar as coisas, você pode parecer ansioso e impaciente aos olhos de outras pessoas. Quando sentir vontade de apertar o passo, pare e consulte os demais.

O seu estilo de trabalho predominantemente colaborativo é bem recebido e, com sua extraordinária capacidade de raciocínio, você gosta de criar equipes competitivas e bem-sucedidas.

Às vezes sua competitividade vem à tona na forma de críticas ríspidas ao próximo, que servem mais para prejudicá-lo do que para fortalecê-lo.

Dicas para se aproximar de um Estrategista:

Estrategistas estão sempre muito cientes das possibilidades de cada grupo e são bons em usar esse conhecimento para conquistar a participação de todos na atividade em questão.

Quando diante de problemas complexos, os Estrategistas geralmente estão pensando vários passos adiante. Em um desentendimento, pare um instante e se certifique de que vocês estão falando sobre a mesma coisa.

Apenas uma em cada 100 pessoas possui o perfil do Estrategista. Se houver um na sua equipe, tire vantagem do talento visionário e único dele.

Profissões para um Estrategista:

Sua capacidade de pensar alguns passos à frente e desbravar caminhos que outras pessoas possam seguir faz de você a pessoa ideal para posições de liderança e planejamento. Assim como sua personalidade é uma das mais difíceis de encontrar, essas qualidades são raras e muito valorizadas em qualquer local de trabalho. Embora esta lista esteja longe de ser completa, seu tipo de personalidade combina com as seguintes profissões: gerente de produtos, diretor geral, meteorologista, futurologista e gerente de portfólio.

5
Gerenciando os 14 tipos

Ao longo de sua carreira, Elise trabalhou em ambientes muito difíceis, porém os nove meses que passou numa ilha de pouco mais de 1.000 metros quadrados no Pacífico ocidental, longe de tudo, foram sem dúvida inigualáveis. A equipe de sete biólogos marinhos na qual ela trabalhava passava os dias estudando a foca-monge havaiana, ameaçada de extinção, e as noites no que sobrou de barracas abandonadas da guarda costeira. Por mais de dois meses, a única forma de comunicação que possuíam com o mundo era um radiotransmissor. Como de praxe, havia uma gerente responsável pelo grupo. E, como quase sempre acontece, o direcionamento pelo qual a gerente optou pouco tinha a ver com as tarefas. A responsabilidade dela era manter os membros da equipe trabalhando bem juntos, como um grupo coeso. Gerentes bem-sucedidos não deixam o acaso governar esse processo. E, quando Elise relata essa experiência, o potencial de conflito que existia entre os membros era mais assustador do que a vez que ela foi perseguida na água por um tubarão tigre de 3,5 metros.

“Nosso dia a dia era assim: tínhamos a obrigação de ficar sob o sol o dia inteiro, observando animais que nos temiam, cercados por seus predadores que poderiam facilmente nos matar ou mutilar. À noite, cuidávamos da limpeza, da manutenção e da proteção do nosso equipamento. Diante de uma rotina como essa, manter bons relacionamentos com os demais integrantes da equipe não era prioridade."

Os maiores desafios não eram a insolação, a ameaça de um maremoto iminente ou a tentativa de garantir a sobrevivência de um filhote de foca que perdera uma das nadadeiras para um tubarão faminto. A adversidade estava em trabalhar ao lado dos mesmos rostos. Dia após dia, no perímetro da ilha.

"A situação se resumia em perceber que era só a gente e mais ninguém. A única maneira de encarar os conflitos que surgiam era buscando amparo nos objetivos em comum, reconhecendo o lado humano da experiência pela qual estávamos passando e descobrindo um senso de comunidade. Ter uma líder tão boa para nos conduzir fez toda a diferença", afirma Elise.

Os conflitos interpessoais são parte inevitável do trabalho e, como no caso da ameaçadora barbatana de tubarão surgindo ao longe, alguns sinais anunciam sua presença. Um gerente de sucesso supera as probabilidades ao notar esses sinais, observando atentamente seu grupo e se esforçando para compreender as várias personalidades que o compõem. Entender os membros da sua equipe não só o ajuda a evitar conflitos como também a usar os talentos de cada um deles para alcançar o melhor resultado possível. Conforme aprendemos no Capítulo 2, as pessoas não desenvolvem naturalmente uma compreensão objetiva dos seus talentos. Um gerente que educa e compreende sua equipe possui uma influência poderosa e duradoura sobre o sucesso do grupo. Diante de prazos curtos e agendas cheias, como um gerente pode obter esse resultado? O primeiro passo é analisar a personalidade de cada integrante da equipe. (Já que nenhum dos 14 tipos de personalidade é melhor do que outro, a equipe deve aceitar esse processo sem grandes problemas.) Descubra o perfil dos integrantes, analisando as principais características que definem cada tipo de pessoa (ver Capítulo 4). Mesmo em uma área bastante especializada, dificilmente uma equipe é composta por mais de dois indivíduos com o mesmo perfil de personalidade. Se a sua equipe possui sete ou mais integrantes, provavelmente haverá no mínimo cinco perfis (a média é de quatro perfis para cada cinco membros). As estratégias descritas no restante deste capítulo vão demonstrar como gerenciar especificamente cada um dos 14 perfis de personalidade. A não ser que sua equipe seja pequena, são muitas informações para guardar em apenas uma leitura. Por essa razão, a apresentação é em tópicos que facilitam consultas posteriores de acordo com as suas necessidades.

As estratégias para cada tipo de personalidade o ajudarão a fazer duas coisas importantes. Primeiro, a se relacionar com cada membro da equipe, baseando-se nos traços de personalidade que ditam a maior parte do comportamento dele. Essas estratégias serão úteis diariamente, mas são essenciais em momentos críticos de altos níveis de estresse, quando as pessoas se tornam inflexíveis, buscando refúgio em um repertório limitado de ações que se fundamenta em suas personalidades consolidadas. Cabe a você reconhecer esse fenômeno e entender o que motiva tal comportamento por vezes incompreensível. Um gerente é eficiente apenas quando consegue se dirigir aos integrantes de sua equipe de forma construtiva e direta. As pessoas irão segui-lo somente quando se sentirem compreendidas.

O segundo maior insight que você receberá diz respeito aos papéis que melhor combinam com cada um dos 14 tipos de personalidade. Você vai aprender a utilizar os talentos individuais de cada membro da equipe para impulsionar o sucesso do grupo como um todo. Essas estratégias se concentram na função real que a pessoa exerce no trabalho, nos papéis que você designa para ajudar o grupo a concluir determinada tarefa e nas características com as quais pode contar para promover a sinergia e a cooperação de cada integrante.

A tabela a seguir lista os 14 tipos de personalidade e indica a tendência geral das pessoas a se basearem mais ou menos em cada um dos traços de personalidade DISC, de acordo com seu tipo. Faça cópia dessa tabela, assinale os perfis dos integrantes da sua equipe e a tenha sempre à mão como um retrato do grupo que gerencia. Afinal, sua função é cuidar do seu grupo – então ajude cada profissional a ser o mais eficaz possível no seu trabalho.

Quem faz parte da minha equipe?		Dominante	Interpessoal	Sensato	Cauteloso
	Aliado	Menos	Mais	Mais	Menos
	Arquiteto	Menos	Menos	Mais	Mais
	Treinador	Menos	Mais	Mais	Menos
	Detetive	Menos	Menos	Menos	Mais
	Diplomata	Menos	Variável	Mais	Menos
	Empreendedor	Mais	Menos	Menos	Menos
	Especialista	Menos	Mais	Menos	Mais
	Inovador	Mais	Menos	Menos	Mais
	Mobilizador	Mais	Mais	Menos	Mais
	Motivador	Mais	Mais	Menos	Menos
	Oportunista	Mais	Menos	Variável	Menos
	Pesquisador	Menos	Menos	Mais	Menos
	Relações-Públicas	Menos	Mais	Menos	Menos
	Estrategista	Variável	Mais	Menos	Mais

As colunas demonstram com que intensidade as pessoas de cada um dos perfis tendem a se basear nos quatro traços de personalidade DISC. Uma vez que essa tabela é para consultas rápidas, ela não engloba todas as variáveis existentes nos 14 tipos de personalidade. Para uma compreensão apurada da sua equipe, peça que os membros compartilhem com você seus relatórios IDISC e observe quão alto, moderado ou baixo é o nível de cada um deles nos respectivos traços de personalidade.

Como gerenciar um Aliado

- O Aliado terá problemas para se manter motivado ao trabalhar sozinho. Lembre-se de que essa não é uma questão de ética profissional, e sim um produto da energia que ele extrai ao estar na presença de outras pessoas. A predileção do Aliado por trabalhar em grupos é essencial para seu bem-estar. Mantenha isso em mente ao escolher uma função para ele.
- O Aliado possui uma habilidade incomum de discernir o que de fato é importante para as pessoas e de escutar como poucos. Consequentemente, ele coleta toda sorte de informações sobre o que interessa aos outros. Precisa de uma boa ideia que ajude alguém a se sentir valorizado? Considere a hipótese de pedir sugestões ao Aliado do seu grupo.
- Tenha cuidado ao dar feedback. Um Aliado tem mais chances de interpretar suas sugestões como críticas do que a maioria dos demais tipos de personalidade. O segredo é escolher bem o que você vai dizer: um Aliado levará tudo muito a sério.
- Se você vive ou trabalha com um Aliado, lembre-se de que ele tem dificuldade em se defender. Isso pode lhe parecer óbvio, mas, às vezes, você se decepcionará com alguém desse perfil sem notar (ou imaginar) que existe algo que ele não está falando. Isso não é intencional. É apenas resultado da tendência do Aliado de colocar as necessidades dos outros antes das dele.

Ajudá-lo um pouco a se defender na hora certa pode ser de grande ajuda.

- Um comportamento arrogante e rude irrita um Aliado porque vai de encontro a seus valores mais arraigados. Então, não se surpreenda se ele o levar muito a sério – e levar para o lado pessoal.

Como gerenciar um Arquiteto

- O Arquiteto precisa de prazos específicos e expectativas claras para trabalhar com eficiência. Seu objetivo final é fazer um bom trabalho e ele precisa de clareza para determinar a maneira correta de concluir um projeto. Pessoas que têm esse perfil terão o seu melhor desempenho em um ambiente estável e estruturado.
- O Arquiteto sabe deixar o prazer por último, uma habilidade rara à qual você pode recorrer quando a situação assim demandar. Embora tenha um pensamento metódico e criativo, ele é analítico e dedicado o bastante para resolver o que for necessário em situações difíceis.
- Arquitetos são ótimos em garantir a otimização de políticas e procedimentos operacionais e assegurar que os padrões e regulamentos vigentes sejam cumpridos. Se um Arquiteto não estiver exercendo uma função operacional ou reguladora, ele é a pessoa adequada para pôr à prova suas habilidades e se aventurar nesses departamentos.
- Arquitetos dão ênfase à precisão em detrimento do prazo. Certifique-se de que ele tem tempo suficiente para realizar bem uma tarefa.
- Quando estiver gerenciando um Arquiteto, é muito importante que você cumpra suas promessas. Não cumpri-las minará a confiança que ele deposita em você.

O maior desafio para o Arquiteto é confiar em seus próprios instintos. Uma vez que nenhuma decisão pode ser tão bem pensada quanto ele desejaria, é provável que você tenha que estar por perto, gerenciando atentamente seu desempenho para garantir que ele consiga confiar nos instintos quando não houver outra saída.

Como gerenciar um Treinador

- A maior satisfação de um Treinador é ajudar os outros a dar o melhor de si. Procure lhe dar oportunidades de colocar essa habilidade em prática, criando, por exemplo, um programa de aconselhamento ou orientação para novos integrantes da equipe.
- Uma pessoa que tem esse perfil costuma preferir atividades em grupo e será mais eficiente se tiver poucas tarefas individuais.
- Assim como um Treinador se sente motivado a alimentar o potencial de outras pessoas, seu próprio crescimento profissional é também uma grande prioridade. Apoie sua participação em sindicatos e programas de desenvolvimento profissional. O tempo e o dinheiro que ele dedica a esses eventos são bem empregados.
- Um Treinador não vai hesitar em dedicar seu tempo a desenvolver os talentos de outras pessoas e ajudá-las a alcançar todo o seu potencial. Sua política de boa vizinhança e seu ouvido amigo podem tornar difícil para ele concluir outras obrigações. Você provavelmente terá que ficar atento a isso e ajudá-lo a não tornar a própria agenda um caos.
- Muitas vezes, gerentes com o perfil de Treinador têm problemas para lidar com funcionários ineficientes. Eles não são

propensos a incutir suas ideias nas pessoas e gostam quando elas assumem a responsabilidade por seu próprio trabalho. Se esse for o caso, você provavelmente terá que ensinar a seu Treinador técnicas para lidar com os funcionários ineficientes que ele supervisiona.

Como gerenciar um Detetive

- Um Detetive está sempre disposto a levar o tempo que for necessário para analisar os fatos – por mais obscuros que eles sejam – e chegar ao fundo de uma questão. Essa é uma habilidade incomum à qual você deve recorrer quando a situação assim demandar.
- Ao dar feedback a um Detetive, lembre-se de que ele se sente muito desconfortável com a possibilidade de reconhecer falhas em seu trabalho. Sua confiança total na lógica e na razão não facilita a conversa quando esta falha. É melhor você experimentar futuras estratégias para aprimorar a coleta de dados e o processo de tomada de decisão do que se deter nos erros dele.
- Um Detetive é a pessoa adequada para se incluir no desenvolvimento de planos e estratégias. Ele tem a habilidade de antever desafios e encontrar soluções. Deixá-lo participar de reuniões de projeto ou do planejamento estratégico é um ótimo desafio que pode ajudá-lo a aprimorar suas habilidades de liderança.
- Um Detetive é mais eficiente quando realiza algumas tarefas em grupo e outras individualmente. A necessidade dele de trabalhar sozinho vem do desejo de reunir fatos antes de formar uma opinião definitiva. Quando explora uma questão com o restante da equipe, muitas vezes ele quer conduzir uma

pesquisa individual e só então divulgar essa informação para ser posteriormente discutida pelo grupo.

- Uma pessoa com esse perfil não é propensa a se abrir, o que pode fazer com que os outros integrantes da equipe a considerem um pouco antissocial. Você terá que ficar atento a isso e orientá-la a compartilhar mais informações para ganhar pontos com o restante do grupo.

Como gerenciar um Diplomata

- Às vezes, quando você quer saber o que está passando pela cabeça de um Diplomata, basta perguntar. Quando ele se convencer de que revelar sua opinião vai promover a harmonia, é isso que irá fazer. Se você perguntar o que ele está pensando, provavelmente vai ser atendido, pois não combina com o espírito de cooperação dele não responder.
- Ao ir em busca da realização de seus objetivos, um Diplomata prefere ter um progresso estável e controlado. Se quiser obter o máximo de um Diplomata, delegue a ele tarefas que produzam resultados consistentes e mensuráveis e poucas chances de reviravoltas inesperadas.
- Se quiser saber o que os membros da equipe estão pensando e como estão se sentindo, pergunte a um Diplomata. Ele tem a habilidade de se relacionar com a maioria dos perfis de personalidade e seus colegas o consideram amigável e receptivo. Ele é um bom ouvinte, que se interessa de fato pelo que outras pessoas têm a dizer, e tende a ser muito sensível à opinião do grupo.
- Um Diplomata precisará do seu aconselhamento e apoio para se defender e conquistar o reconhecimento que o trabalho dele merece. Isso é ainda mais crucial para Diplomatas em co-

meço de carreira. Sem a sua ajuda, é provável que a natureza modesta do Diplomata impeça que os outros compreendam a origem dos talentos e a profundidade do conhecimento e da experiência que ele possui, o que prejudicará o desempenho da equipe.

- Diplomatas não gostam de surpresas. Não jogue as coisas no colo dele, se quiser ajuda. Quando precisar que um Diplomata tome uma decisão que terá implicações de longo prazo na carreira dele, e certifique-se de oferecer a ele bastante tempo para refletir sobre a melhor atitude a ser tomada.

Como gerenciar um Empreendedor

- A energia que os Empreendedores possuem vem de assumir riscos e levar as coisas a níveis sem precedentes. Isso significa que eles se entediam com facilidade e são atraídos por variedade no trabalho. Escale-os para tarefas condizentes e você verá a energia que eles emanam quando atingem o máximo de seu potencial.
- O hábito do Empreendedor de assumir riscos pode causar problemas se não for refreado. Talvez você tenha que contê-lo em algumas ocasiões para ajudar o Empreendedor a entender que ele está se arriscando demais.
- Não demore a elogiar um Empreendedor, em especial quando ele der o sangue em um projeto, por exemplo, chegando mais cedo ou fazendo hora extra. Empreendedores gostam quando seus esforços são reconhecidos e precisam acumular pontos todos os dias para se sentirem bem-sucedidos.
- O Empreendedor é corajoso e carismático quando acredita em algo. Essa qualidade pode torná-lo um vendedor de grande sucesso.

- Moderação e paciência não são os pontos mais fortes dos Empreendedores. Colegas de trabalho podem ter dificuldade em entender por que eles têm que agir tão depressa.
- Sempre que as pessoas estão convencidas de que algo é "impossível", o Empreendedor morre de vontade de provar o contrário. Isso se transforma em um desejo de resolver coisas que os demais consideram incrivelmente difíceis e é um grande meio de o Empreendedor oferecer ao grupo uma contribuição especial.

Como gerenciar um Especialista

- Não tenha medo de desafiar um Especialista a desenvolver conhecimento em um novo assunto ou área. Ele pegará o jeito rapidamente. No entanto, tende a ser duro consigo mesmo, o que pode gerar nele resistência a se embrenhar em uma área que lhe é estranha. Sua função é fornecer-lhe esse tipo de desafio, o que permite a ele colocar em prática a excelente habilidade que tem de resolver problemas fora de um único e restrito campo.
- Os próprios Especialistas são seus críticos mais ferrenhos. Eles adoram aprender e trabalham intensamente para se aprimorar. Você precisará trabalhar um pouco mais arduamente quando for dar feedback para que o Especialista lhe dê ouvidos e entenda como os esforços que empreende são bem-vistos.
- Um Especialista geralmente tem dificuldade em delegar tarefas. A vontade que sente de dominar tecnicamente o trabalho que realiza pode sufocar as contribuições dos outros, já que ele não quer correr o risco de alguma outra pessoa terminar o serviço antes. Quando isso ocorrer, faça com que delegar seja uma de suas atribuições e gerencie o desempenho dele para

ver o que acontece. Isso vai gerar confiança e senso de responsabilidade entre seus colegas de equipe.

- As pessoas muitas vezes recorrem ao Especialista quando precisam de respostas, pois sabem que ele é uma fonte de informação e fatos. Peça que ele desenvolva um sistema de armazenagem e compartilhamento do conhecimento que possui.
- Embora Especialistas sejam perfeccionistas, eles são também formais e contidos em ambientes sociais. Odeiam conflitos de tal forma que pecam por passividade quando é preciso intervir em uma questão. Ensine-os a abordar as pessoas com assertividade quando a situação exigir que eles impeçam os outros de passar por cima deles.

Como gerenciar um Inovador

- A energia de um Inovador vai a mil quando ele coloca a criatividade para funcionar. Escale-o para tarefas que exijam dele encontrar novas maneiras de compreender e interpretar as coisas e você colherá os benefícios dessa incrível energia.
- O Inovador muitas vezes apresenta dificuldade em se entender com membros da equipe que têm personalidades opostas e pode ser necessário você intervir e gerenciar o desempenho dele. Quando algo assim acontecer, desafie o Inovador a encontrar maneiras de se relacionar com colegas que veem o mundo de outra forma e torne isso uma responsabilidade.
- O Inovador tem facilidade para pular de uma tarefa para outra, então você pode confiar nele quando precisar escalar alguém para um novo projeto e os demais integrantes da equipe estiverem hesitantes.
- Evite designar um Inovador para projetos que envolvam rotina e atividades repetitivas. Ele se entedia rapidamente com

esse tipo de serviço e lhe faltará energia para executá-lo a contento.

- Um Inovador pode trabalhar bem sozinho e em geral se sai melhor dessa forma. Ele perde a motivação facilmente se sempre tiver que pensar na equipe.
- Desafie o Inovador a aceitar que a paciência é um componente importante do processo criativo. Senão, ele terá mais problemas para se relacionar com o restante da equipe.
- Quando for dar feedback a um Inovador, é melhor oferecer sugestões do que corrigi-lo. Ele tende a defender as próprias ideias vigorosamente.

Como gerenciar um Mobilizador

- Mobilizadores têm uma personalidade inspiradora que os torna ideais para incentivar outras pessoas a alcançar os objetivos desejados. Utilize essa poderosa habilidade o máximo possível.
- O Mobilizador possui uma habilidade especial para unir as pessoas baseando-se em necessidades complementares. Sua perspectiva e seu entusiasmo quando se trata de aproximar as pessoas são ferramentas valiosas que podem impulsionar um projeto ou um importante empreendimento.
- Você verá que uma pessoa com esse perfil é a última a implicar com alguém por detalhes. Não deixe que ela ignore os fatos para defender suas próprias opiniões quando a equipe precisar de dados concretos. Em muitas situações, os colegas não ficarão satisfeitos com as sugestões dela, a não ser que existam dados para sustentar sua atitude.
- Um Mobilizador confia rapidamente nas pessoas. Embora isso costume render bons resultados, também pode ser seu pon-

to fraco. Ele precisará de ajuda para aprender a hora certa de duvidar dos demais, evitando depositar confiança na pessoa errada.

- A natureza expansiva e amigável do Mobilizador faz com que as pessoas tenham facilidade para segui-lo. Ele tende a ser um líder atuante e participativo, pois mistura seu estilo franco com uma atitude aberta e sociável.
- Um Mobilizador é mais eficiente quando está encarregado de um número bem equilibrado de atividades em grupo e individuais. Certifique-se de oferecer essas oportunidades.
- Um Mobilizador gosta de testar seus limites e se envolver em tarefas que o instiguem – não tenha medo de desafiá-lo.

Como gerenciar um Motivador

- O Motivador tem "jeito com as pessoas". Ele pode conquistá-las facilmente com seu carisma e eloquência, o que o torna uma boa escolha para qualquer atividade que envolva vendas. Entenda que essas habilidades não são úteis apenas para vendas no sentido tradicional do termo – o Motivador pode fornecer um argumento persuasivo sempre que for necessário convencer as pessoas.
- Aplicar restrições artificiais ao tempo e à agenda de um Motivador é uma maneira garantida de afastá-lo do seu trabalho. Ele trabalha melhor quando consegue manter o controle sobre quando e como faz as coisas.
- Quando for dar feedback a alguém com esse perfil, lembre-se de que ele dá muito valor a ser aceito. Ele sabe receber críticas construtivas, mas é preciso tomar cuidado para não parecer que você não confia nas decisões que ele toma ou que questiona o caráter dele.

- O Motivador tende a ser sensível às possibilidades que sua equipe apresenta. Certifique-se de extrair dele essas informações, pois você pode usar essa compreensão da equipe para descobrir o que a motiva e gerar lealdade.
- Motivadores têm alergia a dados e análises detalhadas. Você aproveitará ao máximo um Motivador se mantiver esse tipo de tarefa longe das atribuições dele.
- Motivadores são tão entusiasmados e lisonjeiros que é possível que as pessoas pensem que não é necessário retribuir o favor. Seja generoso com os elogios e não esconda seu entusiasmo; um Motivador é ao mesmo tempo gentil e fácil de agradar.

Como gerenciar um Oportunista

- Um Oportunista é criativo e não permite que obstáculos o impeçam de fazer o que pretende. É muito responsável, o que o torna um grande líder em projetos com prazos apertados.
- Quando for delegar tarefas a um Oportunista, não é preciso passar tanto tempo explicando *como* as coisas têm que ser feitas, como no caso da maioria dos demais perfis. Ele geralmente encontra uma solução criativa para os problemas, de modo que você deve usar seu tempo para convencê-lo de *por que* determinada tarefa é importante. Então, deixe-o colocar sua criatividade em ação para fazer as coisas acontecerem.
- Muitas vezes pessoas com esse perfil são incompreendidas. Outros membros da equipe podem considerá-las petulantes, pois é fácil confundir o entusiasmo delas com inflexibilidade ou até mesmo egoísmo. Sua função é ajudar o Oportunista a compreender isso e a explicar suas razões à equipe.
- Oportunistas muitas vezes fogem de atividades em grupo, preferindo se dedicar a projetos individuais. Se quiser que os

integrantes da sua equipe que possuem esse perfil tenham o melhor desempenho possível, deixe-os agir dessa forma.

- Oportunistas contestam o sistema e desafiam a norma vigente. Encaram a tradição e a rotina com extremo ceticismo. Mantenha abertos os canais de comunicação com eles para garantir que essa energia seja bem direcionada. Caso contrário, você pode descobrir que o sistema que ele está contestando é o seu.
- Oportunistas raramente recorrem a métodos tradicionais para resolver problemas e são movidos pela descoberta de maneiras criativas de lidar com os desafios. Escale-os para trabalhos menos restritivos e os instigue a utilizar a criatividade.

Como gerenciar um Pesquisador

- Não espere decisões rápidas de um Pesquisador: ele precisa de tempo para reunir dados antes de se sentir à vontade para opinar.
- Evite colocá-lo em uma posição em que ele precise reagir constantemente a mudanças. Pesquisadores têm desempenho melhor em ambientes estáveis.
- No quesito perseverança, o Pesquisador costuma ser a espinha dorsal de uma equipe. Ele possui uma tenacidade fora do comum e quer que o trabalho seja concluído integralmente.
- Certifique-se de oferecer oportunidades para o Pesquisador mostrar o que sabe. Elas são uma parte extremamente motivadora e recompensadora do trabalho que ele realiza.
- Pessoas com esse perfil precisam de objetivos claramente definidos e um plano de trabalho organizado para darem o melhor de si. Lembre-se disso sempre que delegar tarefas a elas e pedir sua ajuda.

- Quando o Pesquisador tiver desempenho abaixo do esperado ou precisar desenvolver uma nova habilidade, auxilie-o na criação de um plano de ação detalhado que trace os passos específicos que ele precisa dar para cumprir tal exigência. Peça relatórios constantes sobre o progresso dele, de modo que ele o informe sobre as atitudes tomadas e as mudanças em curso.
- É fácil para os demais integrantes da equipe verem o Pesquisador como frio ou indiferente, em razão de sua natureza discreta e estável. Você talvez precise ajudá-lo a explicar sua paixão por fatos e informações ao restante do grupo.
- Quando apresentar uma ideia ou opinião a um Pesquisador, não deixe de respaldar seu posicionamento com dados concretos. Você terá muito mais chance de convencê-lo por meio do raciocínio lógico do que mediante comportamentos emotivos.

Como gerenciar um Relações-Públicas

- Relações-Públicas são motivados mais por pessoas do que por conquistas. Isso significa que eles ficam mais entusiasmados e são mais produtivos quando trabalham em uma equipe em que haja camaradagem do que em uma que não se relacione bem, mesmo que estejam lidando com uma tarefa importante.
- Pessoas com esse perfil podem ter o hábito de prometer coisas em demasia e dizer que podem fazer serviços que estão fora da realidade, levando em conta suas atividades e responsabilidades diárias. É importante que você ajude o Relações-Públicas a gerenciar seu desempenho. Você precisa fazer com que ele aja de maneira responsável dizendo não às outras pessoas enquanto ainda tiver várias tarefas por realizar.
- É fácil trazer Relações-Públicas para um grupo já formado.

Sociáveis e extrovertidos, eles são rapidamente aceitos em diferentes círculos sociais.

- Um Relações-Públicas desanima com tarefas rotineiras e tende a se envolver em muitas conversas, perdendo a noção do tempo. Isso pode afastá-lo do desempenho excelente, uma vez que todos os trabalhos envolvem certo grau de atividades rotineiras. Você precisará ajudá-lo a se concentrar, estabelecer expectativas claras para o trabalho que ele realiza e gerenciar o desempenho dele a fim de garantir que a rotina seja cumprida.
- Quando for dar feedback a um Relações-Públicas, não poupe elogios. Ele adora saber como seu trabalho é admirado.
- Relações-Públicas são flexíveis diante das mudanças e sabem ver o lado bom de uma reviravolta. São aptos a cargos que sofrem modificações frequentes e muitas vezes geram um entusiasmo contagiante que ajuda outras pessoas a superar uma transformação.

Como gerenciar um Estrategista

- O Estrategista é o mais raro dos 14 tipos de personalidade: esse perfil é identificado em apenas 1% da população. Se você tiver um Estrategista no seu grupo, certifique-se de colocá-lo em um cargo que aproveite ao máximo sua habilidade visionária e única. Alguns gerentes têm dificuldade em enxergar essa habilidade, sobretudo em funcionários em início de carreira. Lembre-se de que mesmo os maiores Estrategistas têm que começar em algum lugar.
- Um Estrategista hesita em se fazer ouvir e entrar em conflito com outros membros da equipe. Isso facilmente pode levar ao surgimento de problemas, obrigando você a intervir e orien-

tá-lo a lidar com questões interpessoais de maneira assertiva antes que elas ganhem uma dimensão maior.

- Pessoas com esse perfil gostam de planejar e criar caminhos para os outros seguirem. Ele é apto a papéis de liderança, pois sua extraordinária habilidade de pensar alguns passos adiante evita aborrecimentos aos demais integrantes da equipe e conquista a confiança deles.
- Um Estrategista pode passar bruscamente de extrovertido e amigável a crítico e irritadiço quando acredita que os outros estão tirando vantagem dele. Por mais que goste de fornecer um plano de ação claro, ele se incomoda com pessoas que dependem demais da opinião dele. Você precisa ajudá-lo a evitar críticas agressivas ao próximo, e a melhor maneira de fazer isso é explicar que essa tendência mais prejudica do que fortalece a equipe.

6
Tipo × contratipo

Janet e Vanessa personificavam a mãe moderna que trabalha fora – ambas eram instruídas, tão dedicadas à carreira quanto à família e subiam na hierarquia gerencial dentro da mesma fabricante de telefones celulares. Tanto Janet quanto Vanessa tinham um bebê recém-nascido em casa e planejavam passar vários meses trabalhando meio expediente até se sentirem seguras para deixar as crianças na creche enquanto estivessem no escritório. A empresa decidiu colocá-las para dividir o mesmo cargo de gerente, cada qual trabalhando meio expediente. Na teoria, Janet e Vanessa tinham tanto em comum que pareciam o par ideal: possuíam muita energia, trabalhavam horas a fio e haviam gerenciado uma equipe anteriormente e alcançado ótimos resultados. A novidade tornou o primeiro mês em que dividiram o cargo muito divertido. Janet ia trabalhar às segundas e terças, elas dividiam as tarefas na quarta e Vanessa ficava sozinha às quintas e sextas.

Depois do primeiro mês, no entanto, as coisas começaram a degringolar rapidamente. Janet já havia obtido sucesso mostrando ser uma líder segura que estabelecia metas claras e ambiciosas para sua equipe, oferecendo bastante autonomia para alcançá-las. Continuou usando essa tática na metade da semana em que estava presente na empresa. O estilo de Vanessa nos outros dias da semana era totalmente oposto ao de Janet: ela era participativa, intercedia bastante e guiava a equipe ao sucesso, trabalhando lado a lado com cada funcionário. Os integrantes da equipe se referiam, em particular, às segundas e terças como "dias tipo A" e às quintas e sextas como "dias tipo B". As quartas viraram o dia do confronto, já que as duas lutavam para conciliar seus estilos gerenciais. A frustração e o rancor logo aumentaram, pois cada uma acreditava que a *sua* perspectiva era a *correta*. O conflito fez a equipe se desviar dos objetivos e estressou ambas as gerentes, ou seja, ninguém saiu ganhando com a experiência. No fim do período, as vendas da equipe foram as mais baixas do departamento e metade do que cada uma das gerentes havia conseguido nos grupos que lideraram anteriormente.

Quando personalidades entram em conflito

É difícil imaginar uma profissão em que o sucesso não seja influenciado pela habilidade de se relacionar com outras pessoas. Isso é especialmente válido nos dias de hoje, quando o trabalho em equipe é um elemento essencial da maneira como as coisas são feitas. Infelizmente, quando se monta um grupo, provavelmente haverá conflitos e, mesmo que alguns deles sejam inevitáveis, a maioria é alimentada apenas pela falta de compreensão. Então, por que não conseguimos nos entender no trabalho?

Em primeiro lugar, nossos cérebros são programados para pensar que as motivações dos outros são iguais às nossas. É natural supor que nossos colegas pensam como nós. Quando fazem algo de que discordamos, há grande chance de que consideremos suas atitudes irresponsáveis, insensíveis ou simplesmente erradas. Muitas vezes, não conseguimos levar em conta o que os levou a agir daquela forma. É mais fácil presumir que foram fracos ou mal-intencionados do que parar e tentar descobrir a motivação por trás de suas atitudes.

Quando o tipo de personalidade de um colega é parecido com o seu – mesmo que não seja exatamente igual –, é mais provável ainda que ambos reajam e pensem da mesma maneira. À medida que o vão entre as personalidades aumenta, as opiniões divergem com mais frequência.

Você certamente conhece pelo menos uma pessoa com a qual está sempre pisando em ovos no intuito de evitar conflitos. Já se perguntou por que é tão difícil se dar bem com certas pessoas? É bem provável que seus tipos de personalidade não combinem. Para cada tipo há outro quase diametralmente oposto, o que, embora não impossibilite que duas pessoas se aproximem, garante que a compreensão entre elas vai dar um pouco de trabalho para ser alcançada. É tentador ficar na defensiva quando alguém não parece compartilhar das nossas motivações e tendências. E, quanto mais díspares forem os tipos de personalidade de qualquer dupla, maior a probabilidade de a relação entre eles ser problemática.

Neste capítulo, agrupei os 14 tipos de personalidade DISC em sete pares opostos. Cada um desses pares de tipo/contratipo une dois perfis cujas motivações mais arraigadas – a essência deles, se você preferir – se opõem fundamentalmente. O gráfico dos níveis DISC de cada tipo de personalidade – fornecido no início de cada seção – ajuda a ilustrar o porquê do conflito. Ao analisar as explicações por trás dos sete pares de tipo/contratipo, você descobrirá por que duas pessoas podem bater de frente com tanta facilidade e como é simples evitar conflitos. Os pares de tipo/contratipo não pretendem necessariamente mostrar que os dois tipos entrarão em choque, mas fornecer, por meio da análise, uma maneira de compreender por que isso acontece com frequência. Ou melhor, os pares são uma maneira de compreender quais aspectos da personalidade humana são conflitantes e o que podemos fazer para forjar uma relação sólida entre eles.

Tipo × contratipo

Tipo		Contratipo
Aliado	×	Oportunista
Arquiteto	×	Relações-Públicas
Treinador	×	Inovador
Detetive	×	Motivador
Diplomata	×	Empreendedor
Mobilizador	×	Especialista
Pesquisador	×	Estrategista

Os pares de personalidade na mesma linha tendem a entrar em conflito. As principais características desses tipos são contraditórias, exigindo, dessa forma, maior nível de entendimento entre as duas pessoas envolvidas. Elas terão que se esforçar mais para se compreenderem do que pessoas de qualquer outro tipo.

Aliado × Oportunista

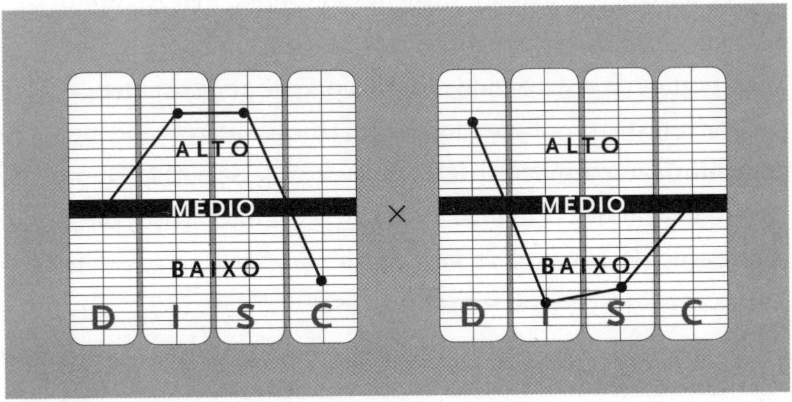

Aliados valorizam sobretudo a qualidade dos seus relacionamentos. Sabem que ouvir é uma ótima maneira de se aproximar das pessoas e aprimoraram essa habilidade como poucos. As pessoas em torno de um Aliado logo percebem esse talento para as relações interpessoais e recorrem a seus ouvidos atentos quando precisam de apoio.

Então aparece o Oportunista, uma provável fonte de conflito, uma vez que dedica muito menos energia às pessoas. Ele é motivado pelo desejo de controlar o ambiente: concentra-se nas tarefas, por isso as necessidades do próximo são secundárias para suas metas e seus interesses. Quando o Oportunista declara que irá trabalhar sozinho em um novo projeto e que não quer ajuda de ninguém, isso tem mais a ver com o seu desejo de controle do que com falta de confiança no grupo.

Uma vez que o Aliado se concentra no aspecto social de toda situação, o comportamento do Oportunista muitas vezes é percebido como afronta. É fácil considerá-lo um insulto ao grupo ou achar que ele não gosta de seus colegas. O Aliado está fadado a considerar essa atitude mais ofensiva do que, digamos, o Empreendedor, que é mais apto a compreendê-la porque dá prioridade às tarefas, assim como o Aliado.

Na verdade, as duas abordagens são válidas, mas o conflito surge da incapacidade que ambos têm de levar em conta seus respectivos pontos de vista. Sendo um Aliado, você pode se entender com o Oportunista reconhecendo a importância da tarefa, independentemente da impaciência dele. Para pessoas desse perfil, o momento de um insight que gera uma ótima ideia é o mesmo que dá origem à sensação de que podem vir a perder a oportunidade (é preciso começar *agora*, com ou sem os outros).

Se você for um Aliado e estiver tendo problemas com isso, não tenha medo de buscar apoio em outras pessoas. Elas tendem a considerá-lo "legal", pois você se esforça para que todos se sintam admirados e dá muito valor a ser aceito. Consequentemente, você é suscetível a menosprezo e críticas. É muito melhor estar atento a essa sensibilidade do que negá-la quando você estiver em conflito com uma personalidade que prioriza tarefas. Reconhecer o sentimento quando ele está surgindo minimiza o efeito dele sobre o seu raciocínio. Uma vez que você se esforça para que as pessoas se sintam respeitadas e valorizadas, fica instintivamente irritado com os que fazem o contrário. O segredo para desenvolver maior resistência é compreender que poucas pessoas dão o mesmo valor que você a tratar bem o próximo.

Como Aliado, esteja você escolhendo uma profissão, um hobby ou um companheiro, será infeliz se não tiver a chance de colocar em prática suas habilidades de interação social. Por quê? Embora você seja capaz, e até goste, de trabalhar sozinho, é muito mais difícil se manter motivado em tarefas solitárias, e isso mina suas energias.

Quando trabalha em grupo, seu "jeito com as pessoas" fica evidente e todos querem usá-lo a seu favor. Só não tenha medo de recorrer àqueles que simpatizam com você; os bons relacionamentos que construiu significam que as pessoas estão dispostas a ficar do seu lado.

Por ser um Oportunista, o seu perfil é definido pelo traço Dominante, o que significa que o mais importante para você é a sensação de ser competente e de estar no controle. O Aliado muitas vezes terá dificuldade de entender por que você tem tanta pressa, mas fazer as coisas acontecerem em alta velocidade não só lhe dá uma sensação de controlar o processo, como também põe à prova a rapidez com que costumam achar que algo pode ser feito. Se você parar e explicar essa motivação às pessoas, é bem provável que elas lhe permitam ser você mesmo – na pior das hipóteses, você se sentirá um pouco mais compreendido.

Será preciso ser franco com o Aliado e buscar a opinião dele se quiser saber se suas atitudes o decepcionaram. Nem sempre ele vai concordar com a ênfase que você dá às tarefas e talvez até insinue que suas atitudes o prejudicam. Deixe-o falar o que pensa – isso é, por si só, trabalhar em equipe. E o objetivo dele é ajudá-lo oferecendo conselhos, não derrotá-lo. No fim das contas, você pode lhe dar um pouco de atenção e ainda ser fiel ao seu tipo de personalidade. E isso é necessário, pois o seu estilo não só é "tão bom" quanto qualquer outro – ele é também, muitas vezes, a única maneira de levar o desempenho do grupo a patamares mais altos.

Arquiteto × Relações-Públicas

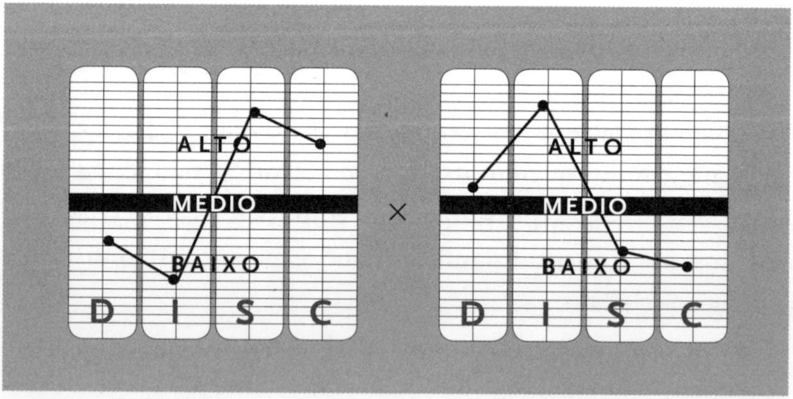

Conflitos entre Arquitetos e Relações-Públicas são comuns, tanto pelo total contraste entre essas personalidades quanto pelo fato de haver tantos deles no mundo. Uma vez que os Relações-Públicas constituem 16% da população e os Arquitetos, 13%, quase um terço das pessoas possui um desses dois tipos de personalidade. E seus objetivos de vida são muito diferentes.

O Arquiteto se sente destinado a fazer as coisas da maneira certa – ele é predominantemente Cauteloso –, ao passo que o Relações-Públicas é altamente Interpessoal e motivado muito mais pelas pessoas do que pelas conquistas. O Arquiteto é bastante analítico e prioriza tarefas. Sente-se à vontade em ambientes estáveis e estruturados em que as expectativas são claras, os prazos são estabelecidos e os planos, seguidos à risca. O Relações-Públicas, por outro lado, é um grande adepto das interações sociais. Ele adora trabalhar com outras pessoas. É fácil para ele engatar longas conversas e não se incomoda muito quando perde um prazo. Para o Relações-Públicas, prazos são imposições artificiais ao seu tempo – a vida não é o que você conquista, e sim as relações que constrói pelo caminho.

Quando você coloca esses dois na mesma equipe, suas necessidades conflitantes tendem a surgir, e a intensidade costuma oscilar de acordo com as prioridades do grupo. Por exemplo, quando uma equipe está se aproximando do prazo de conclusão de um projeto e percebe que não vai conseguir cumpri-lo, a tendência do Relações-Públicas a ficar de bate-papo pode irritar muito o Arquiteto.

Prazos fazem um grupo se concentrar bastante nas tarefas, e a tendência do Arquiteto a planejamentos e estruturas ganha precedência. O conversador e sociável Relações-Públicas pode ser afastado do restante do grupo pelo Arquiteto, cuja conduta nessas horas é irrepreensível.

Mas as coisas mudam de figura nos períodos entre um projeto e outro. Nessa época, a boa convivência do Relações-Públicas com o restante da equipe é bem recebida e ajuda bastante na motivação. Tarefas de rotina são menos importantes nesses recessos e as pessoas gostam da energia que surge nesses momentos. O Arquiteto, por outro lado, não está interessado nesse tipo de coisa. Ele precisa de prazos específicos e expectativas claras para trabalhar com eficiência, então não demora a forçar o grupo a estabelecer metas, planejar atividades e, basicamente, mergulhar de cabeça em uma enorme pilha de tarefas rotineiras. De repente, quem fica irritado é o animado Relações-Públicas. O conflito entre os dois vem à tona e a situação determina quem parece estar "errado" por seguir suas tendências naturais.

O segredo para unir o Relações-Públicas e o Arquiteto é segmentar o trabalho deles. Não é uma sugestão para que não trabalhem juntos. Só precisam saber quem está encarregado de qual tarefa. Mesmo sob a incrível pressão de um prazo, a equipe necessita de folga. Se o Arquiteto entender que o Relações-Públicas será a pessoa responsável por isso, não ficará tão decepcionado quando este agir num impulso.

Da mesma forma, o planejamento é importante para o sucesso do grupo. Quando as equipes não estabelecem um caminho a ser traçado, em geral acabam perdendo tempo olhando para trás e imaginando o que aconteceu. A propensão do Arquiteto a planejamento e estruturas é importante para que o Relações-Públicas e o restante da equipe tenham expectativas claras em relação ao seu trabalho. Embora essa tendência do Arquiteto de fazer tudo certinho seja desanimadora para o Relações-Públicas, é ela que garante que as tarefas de rotina – que esse último normalmente deixaria de lado – sejam cumpridas a tempo.

Algumas das combinações de tipo/contratipo DISC funcionam mais em uma relação de chefe/subordinado. Esse não é o caso do Arquiteto e do Relações-Públicas, que se saem muito melhor como colegas. O maior motivo para deixá-los no mesmo patamar é que os objetivos deles são inconciliáveis. O chefe perfeito é aquele que compreende os próprios interesses e tendências e os separa das exigências que faz ao *seu* trabalho.

Porém, nem sempre isso acontece. No mundo real, as prioridades do seu chefe para o seu trabalho são contaminadas pelas motivações dele. No caso do Arquiteto e do Relações-Públicas, as necessidades deles são tão díspares que isso facilita o conflito. O Relações-Públicas faz amigos com tanta facilidade que um de seus maiores trunfos profissionais é sua rede de contatos. Ele a constrói ao buscar oportunidades de se socializar com pessoas de todos os estilos de vida. Quando o chefe do Relações-Públicas é um Arquiteto, o foco deste está muito mais nas tarefas do que nas pessoas. Ele avalia o desempenho dos seus funcionários por meio da habilidade deles de traçar bons planos e cumprir tarefas de rotina dentro do prazo.

Não são esses os talentos dos Relações-Públicas. Eles tendem a fazer promessas em excesso e a se comprometerem com mais atividades que suas agendas comportam. Embora isso normalmente evite que o Relações-Públicas atinja seu potencial máximo, se ele trabalha para um Arquiteto, o problema ganha nova dimensão.

Se você é um Relações-Públicas que trabalha para um Arquiteto, a maior e mais realista mudança que pode fazer é cumprir o que promete ao seu chefe. Caso contrário, ele rapidamente perderá a confiança em você.

O outro lado da questão – um Arquiteto que tem como chefe um Relações-Públicas – gera problemas um pouco mais sutis. É menos provável que o Relações-Públicas fique profundamente contrariado com o desejo do Arquiteto de fazer planos e se concentrar em tarefas. A maioria das pessoas considera esse fator um dos elementos essenciais de um trabalho, então é difícil criticá-lo. Além disso, os Relações-Públicas não costumam ser inflexíveis com os outros. Eles têm muita curiosidade em saber o que motiva as pessoas, e isso os torna mais tolerantes a como seus funcionários "escolhem" lidar com o trabalho.

Treinador × Inovador

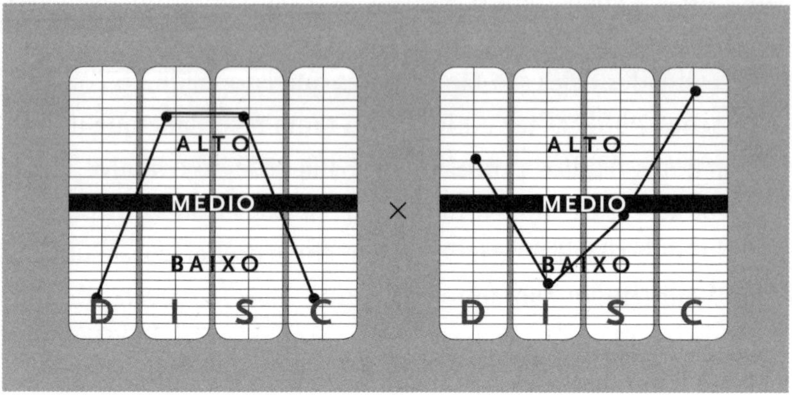

Os perfis de personalidade do Treinador e do Inovador não poderiam ser mais diferentes. Esses dois polos contrastam mais do que qualquer outro par tipo/contratipo, tendo como resultado uma enorme quantidade de conflitos – ou de sinergia. Colocando os gráficos do Treinador e do Inovador lado a lado, é fácil ver essa antítese – é como se um estivesse de cabeça para baixo em relação ao outro.

O Inovador age rápido, é aberto a mudanças e gosta de estar no controle, ao passo que o Treinador é paciente, fácil de lidar e precisa de estabilidade. Enquanto o Treinador extrai sua energia do convívio com as pessoas e adora trabalhar em grupo, o principal interesse do Inovador são as tarefas, e ele precisa passar a maior parte do tempo trabalhando sozinho. O Inovador não acredita em fazer as coisas do jeito certo – ele acredita em fazê-las da maneira perfeita. O interesse que o Treinador tem nos detalhes é, na melhor das hipóteses, moderado.

O Treinador e o Inovador são tão distintos que frequentemente trabalham em áreas diferentes. Como aviões voando à noite em rotas opostas, eles podem não colidir; porém, se colidirem, será um desastre. E é geralmente na hora do feedback que o Treinador e o Inovador batem de frente.

A maior satisfação do Treinador é ajudar os outros a darem o melhor de si. Ele dedica incansavelmente seu tempo a desenvolver os talentos dos outros e a ajudá-los a alcançar todo o seu potencial. Porém, faz isso sem dizer o que devem fazer. Acredita que as pessoas devem escolher seu próprio caminho; a relutância em opinar é sua maneira de demonstrar respeito.

Já o Inovador se concentra nas tarefas: extrai sua energia de respostas rápidas à tensão criativa. É o primeiro a dizer o que pensa e a desafiar a norma vigente. O Inovador está constantemente procurando novas maneiras de lidar com as situações e interpretá-las, e essa busca é sua fonte de inspiração. Uma vez que a prioridade do Inovador não são as pessoas, para ele é fácil dizer coisas que, na melhor das hipóteses, são indelicadas e, na pior, não levam em conta o ponto de vista do outro. Normalmente tranquilo, o Treinador vê isso como um grande problema. Para ele, um feedback tão direto ou ríspido é um tremendo desrespeito.

Outra fonte de conflitos é a relutância do Treinador em relação a enfrentamentos. Uma vez que não se apressa em dar seu feedback ou dizer o que pensa, ele tende a remoer esse suposto desrespeito até a situação ficar feia. Quando o Inovador finalmente sabe disso, os sentimentos entram em jogo. Como na maioria dos conflitos de personalidade, a solução para o Treinador e o Inovador está na comunicação. O Inovador é sensível a críticas, mas interessado em melhorar. Se o Treinador não está à vontade com alguma atitude do Inovador, é preciso expressar logo o que sente, sem deixar para depois. Se o Treinador conseguir comunicar *a impressão dele* acerca das atitudes do Inovador e pedir claramente que aja de maneira diferente, é provável que o Inovador pense em se aprimorar com o que o outro lhe sugeriu. A única coisa que o Treinador precisa fazer é falar o que pensa. Sua tendência a ver o lado bom das pessoas e lhes oferecer sugestões, deixando que decidam sozinhas, evitará que o Inovador fique hesitante ao ser criticado.

Assim como o Treinador precisa falar o que pensa para trabalhar de forma eficiente com seu contratipo, o Inovador precisa demonstrar paciência com as pessoas e compreender que o trabalho em equipe é um componente importante do processo criativo. Seja passeando de bicicleta com a família, participando de uma reunião de pais na escola ou falando no conselho da empresa, o trabalho em equipe requer, por natureza, uma grande dose de paciência, empatia e abdicação do controle. Você acha que, sendo um Inovador, estaria melhor vivendo em uma caverna? É claro que não. Você só precisa reconhecer que a maioria das atividades em grupo exige um pouco de energia e esforço. Dificilmente alguém se sentirá tão motivado e no controle como nas atividades que realiza sozinho, então é preciso se esforçar para colocar um pouco de energia e entusiasmo nas contribuições para a equipe. Às vezes, trabalhar com outras pessoas pode ser tão avesso às suas motivações que, para alcançar o sucesso, você terá que se forçar a lidar com a tarefa de outro ponto de vista. Se encarar o fato de trabalhar bem com outras pessoas como um desafio necessário para aproveitar uma oportunidade criativa, terá muito mais chance de ser bem-sucedido em uma equipe.

Detetive × Motivador

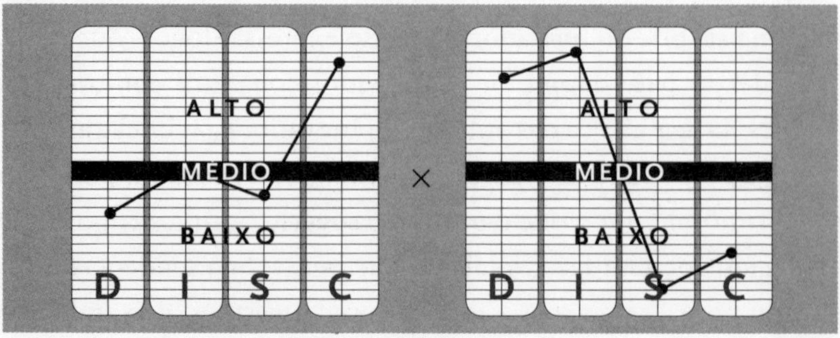

Detetives e Motivadores entram em conflito no que se refere à importância *relativa* das informações. O Detetive é conhecido por sua total confiança na lógica e na razão. Ele se concentra nos fatos porque acredita que *todas* as ideias devem ser avaliadas segundo o critério da exatidão. E por que não acreditaria? A habilidade dele de reunir fatos e informações é incomparável e muito útil na carreira.

O Motivador é visto como sociável e sedutor; sua habilidade com as pessoas é a base da sua autoestima. E por que seria diferente? Quando as coisas ficam difíceis, o desejo de gerar um resultado satisfatório para todos os envolvidos é o que o motiva, e as pessoas admiram sua habilidade de atender a diferentes necessidades.

O problema é que o Motivador segue as opiniões do grupo. Quando uma equipe está numa situação delicada e não se sabe qual o melhor caminho a seguir, ele é capaz de acompanhar a maré inconstante de opiniões. Para ele, não importa o que digam os fatos; o essencial é o que as pessoas pensam.

A postura do Detetive diante do mesmo dilema é oposta: ele acredita que os fatos devem indicar o caminho. Afinal, as pessoas costumam se equivocar, e nada bloqueia a verdade com tanta eficiência como uma sala cheia de indivíduos que compartilham da mesma opinião. A maioria se deixa rapidamente levar por essa "ideia geral", mas o Detetive não perde os fatos de vista.

A pessoa que tem esse perfil está disposta a levar o tempo que for necessário para chegar ao fundo da questão – por mais obscuros que sejam os fatos – e espera que os outros façam o mesmo. E, por mais que goste de buscar informações, pode manter seus sentimentos bem resguardados: ela não gosta de se expor. Isso pode fazer com que pareça um pouco antissocial quando não simpatiza com as opiniões do Motivador, que, por sua vez, não engole bem os pessimistas. O Motivador dá muito valor a ser admirado pelas outras pessoas, portanto a relutância do Detetive logo chama sua atenção.

Então, como esses dois resolvem suas diferenças? A primeira coisa que precisam fazer, como no caso de muitos pares tipo/contratipo, é se entender. Ao contrário de muitos conflitos de personalidade, esses dois provavelmente não conseguirão resolver as coisas na base da conversa. Será mais fácil para eles chegar a um acordo tácito.

As habilidades que trazem para uma situação são distintas e não combinam. Elas servem a propósitos diferentes e seu impacto acumulado resolve boa parte dos problemas de um projeto. Isso é bom, pois não requer que os dois estejam sempre trabalhando lado a lado para resolver as coisas. É melhor que o Motivador e o Detetive se respeitem a certa distância. Eles poderão aprender a dividir ideias e colaborar um com o outro quando houver necessidade. Se não estiverem resolvendo problemas juntos, os dois são muito mais capazes de se entenderem e até de se admirarem mutuamente. Eles podem achar fascinantes as diferenças de seus talentos essenciais – desde que estejam a uma distância segura.

Diplomata × Empreendedor

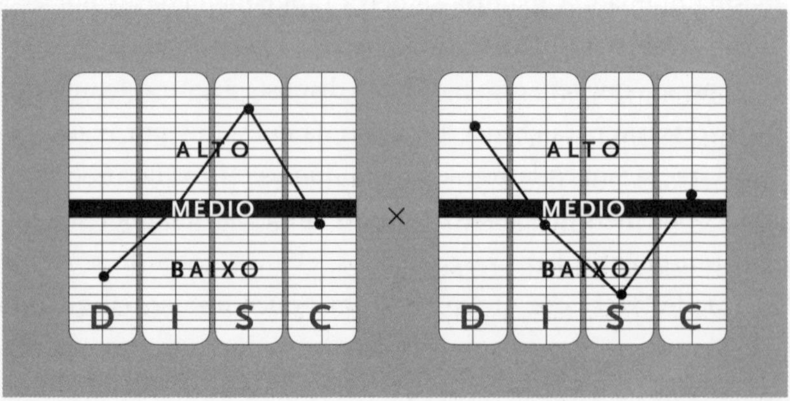

Quando Maude terminou a pós-graduação, não tinha muito dinheiro no bolso. Na verdade, pagando os empréstimos, ficaria seis dígitos no vermelho. Apesar de ter recebido excelentes ofertas de emprego, ela fez o que muitos Empreendedores fazem quando seguem naturalmente a tendência de seu perfil de personalidade: arriscou mais. Pegou mais empréstimos e abriu sua própria empresa, triplicando sua dívida em menos de um ano. Para uma Empreendedora como Maude, ir contra seu instinto de abrir o negócio seria como deixar passar uma oportunidade, e ela não deixa nada passar; não há o que se possa fazer a respeito.

Ao contrário dos primeiros negócios de muitos outros Empreendedores, o esforço de Maude foi um grande sucesso, embora o crédito não seja só dela. Ela deve muito desse sucesso ao que, na época, foi uma decisão bastante humilde: convidar um outro profissional para ser seu sócio.

Se você chegar bem perto de Maude, conseguirá sentir a ambição saindo de seus poros. Porém, ambição e instinto raramente são o suficiente para tornar um Empreendedor bem-sucedido. Quer dirijam sua própria empresa, quer trabalhem para terceiros, eles nunca poderão fazer tudo sozinhos. O sucesso é alcançado por intermédio de outras pessoas. Maude percebeu que sua tendência a correr riscos poderia facilmente lhe criar problemas. Então, fez algo fora do comum quando começou seu negócio: convidou um Diplomata para ser seu sócio e ajudá-la. Ela acreditava que o Diplomata era tudo o que ela não era. Eles são ótimos com pessoas, pois dão a impressão de serem humildes, carinhosos e receptivos. Consideram o respeito a base de todos os relacionamentos e trabalham arduamente para que as pessoas se sintam valorizadas. Essas são as qualidades essenciais que os funcionários buscam em um líder. Mesmo dirigindo sua própria companhia, Maude tinha que parar, observar e aprender com seu sócio.

Quando os dois mantinham suas motivações na mesma direção, conseguiam grande sinergia. Quando deixavam de se concentrar no melhor para a companhia, muitas vezes entravam em conflito. Por quê? Porque suas necessidades eram diferentes. Maude se associou a seu contratipo, um indivíduo cujas motivações e tendências não poderiam ser mais diferentes das dela. Diplomatas têm pouca necessidade de serem Dominantes e assumir o controle sobre o próximo. A prioridade deles é a harmonia entre as pessoas, o que suas excelentes habilidades interpessoais e seu predominante senso de cordialidade conseguem criar com eficiência. Um Diplomata costuma ser a primeira pessoa em um grupo a colocar as necessidades dos outros acima das suas. Quando Empreendedores e Diplomatas trabalham juntos, se encaixam como peças de um quebra-cabeça. Quando entram em conflito, suas necessidades são tão díspares que eles se confundem até não poder mais.

Uma vez que Diplomatas se esforçam para evitar confrontos, demoram a dizer o que pensam. Isso favorece o Empreendedor a fazer vista grossa ao problema, enquanto a irritação silenciosa do Diplomata vai aumentando. Quando você bate de frente com alguém desse perfil, o conflito é quase exclusivamente do tipo silencioso. Embora o Diplomata não goste de falar em público sobre o que o incomoda, ele é franco e honesto no que diz respeito a suas opiniões. Empreendedores nem sempre são os melhores ouvintes, então, se um Diplomata lhe falar sobre suas preocupações, certifique-se de prestar atenção e escutar bem – se o rechaçar, talvez não tenha outra chance de ouvi-lo.

Para o Diplomata, a coerência é o mais importante. Ele trabalha melhor em um ambiente estável e no qual se sinta à vontade, ao passo que o Empreendedor extrai toda a sua energia das mudanças. Diplomatas não têm grande prazer em levar as coisas além. Da mesma forma, o Empreendedor se sente sufocado, e até mesmo extenuado, em um ambiente estático. É por isso que ele pode ser audaz, ou até incisivo, quando acredita em algo. Adora se sentir no controle e tem medo de ficar parado.

Empreendedores precisam entender que a maioria das pessoas precisa de mais tempo do que eles para se acostumar a mudanças, em especial as que têm o perfil de Diplomata. Então, o que acontece quando um Empreendedor não consegue que os outros embarquem em suas ideias tão rapidamente quanto pretendia? Ele tende a trabalhar mais ainda, a se tornar mais contundente e a persuadi-los a apoiarem o plano. Essa energia não demora a influenciar as pessoas e – embora você provavelmente não vá ouvi-lo dizer isso – o Diplomata não se sente à vontade com essa pressão. Lembre-se, um Diplomata precisa de mais tempo para se acostumar a novas ideias do que a maioria dos outros perfis. Não é possível forçá-lo a fazer o que você quer. Os arroubos de entusiasmo do Empreendedor pegam os Diplomatas de surpresa. E eles não gostam de surpresas.

Raramente um Empreendedor fica satisfeito com suas conquistas. Não que ele seja algum tipo de alma torturada; a questão é apenas que ficar parado não lhe dá ânimo algum. Estar plenamente realizado com o que fez torna sua vida um tédio. Empreendedores passam pouco tempo se deleitando com os louros da glória. Preferem seguir para o próximo desafio. Precisam acumular muitos pontos por dia para se sentirem bem-sucedidos. Fique atento a isso, porque é bem possível que eles estejam contando.

Maude nem sempre segue os conselhos de seu sócio Diplomata, porém, toda vez que precisa, pode obter dele uma perspectiva sensata da situação. E isso a ajudou a evitar algumas grandes catástrofes. Em razão de sua tendência a romper barreiras, Maude é o tipo de pessoa que está sempre imaginando o que há além do horizonte, o que está do outro lado da cerca – e, como tem o espírito movido a desafios, ela se pergunta se romper limites pode mesmo causar problemas. Ela não age assim gratuitamente, mas porque obtém energia e motivação ao elevar as coisas a novos – e, muitas vezes, melhores – patamares.

É verdade que essa atitude pode trazer dificuldades, porém, quando suavizada pela sensatez de um Diplomata, é o tipo de conduta que resolve problemas complexos, melhora a maneira como tudo costuma ser feito ou apenas leva as pessoas a outros níveis. A despeito do grande potencial para conflitos, juntar um Diplomata com um Empreendedor é uma boa ideia. Se eles buscarem se entender e respeitar as motivações de cada um, seus esforços podem levá-los a lugares que jamais chegariam sozinhos.

Mobilizador × Especialista

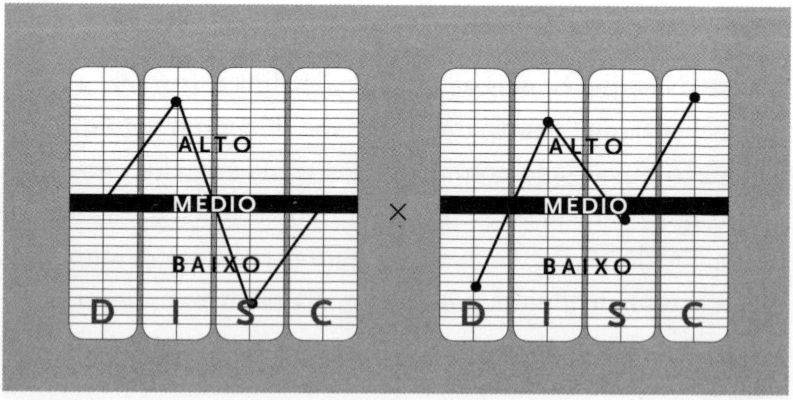

É pouco provável que as diferenças entre os perfis do Mobilizador e do Especialista produzam conflitos tão graves quanto os vistos em outros pares tipo/contratipo. O motivo é que ambos costumam ser flexíveis, extrovertidos e de fácil trato. São altamente sociáveis. Além disso, não sentem grande necessidade de estar no controle, de modo que os conflitos não estão em seus caminhos. Assim, tudo indica que eles são um par divertidíssimo com o qual se trabalhar.

Então, qual é o problema que os torna tipo e contratipo? Em uma palavra: confiança. O Mobilizador confia piamente nas pessoas. Acredita em suas próprias habilidades e faz o mesmo em relação aos outros. O Especialista, por sua vez, é seu crítico mais ferrenho. Está sempre buscando melhorar e é duro consigo mesmo quando comete um erro. Embora nem sempre admita, estabelece o mesmo alto nível de exigência para os outros. Isso faz da confiança um desafio para o Especialista. No entanto, as pessoas querem inspirar confiança e começam a ter suas dúvidas quando alguém mexe com seus brios. Sobretudo o Mobilizador, que não vê motivo para duvidar dos outros.

No trabalho, a confiança é essencial para se delegarem tarefas. Ninguém gosta de falhar, e é assustador depositar sua confiança em alguém que você considera pouco capaz de fazer o serviço. O Mobilizador confia tanto nas pessoas que é bom em delegar tarefas – às vezes, bom demais. Ele acredita do fundo do coração que as pessoas podem fazer o trabalho e está disposto a lhes dar várias chances. Pare ele, quando um Especialista não quer retribuir o favor e lhe delegar uma tarefa, isso é o maior desrespeito do mundo. Delegar é estressante para o Especialista, pois ele acha que está abrindo a porta para o fracasso. A questão não é que ele confie menos nas pessoas do que em si mesmo; apenas se sente mais no controle quando está com a mão na massa. Dificilmente o Mobilizador verá isso como medo do fracasso por parte do Especialista, e sim como falta de confiança na habilidade da pessoa que ficou encarregada do serviço.

Mobilizadores, no entanto, também sofrem por delegar demais. Imagine como o Especialista interpreta isto: ver o Mobilizador se queimar por ter delegado tarefas reforça sua decisão de cuidar delas sozinho. Se o Especialista bater de frente com o Mobilizador sobre esse assunto, o primeiro se aproveitará um pouco desse argumento. E, por vezes, a relutância do Especialista em delegar tarefas é justificável, mas não conseguir entender as motivações do seu contratipo não é.

Quanto ao Mobilizador, ele deveria se certificar de que estará aberto a ouvir quando o Especialista estiver disposto a ser franco sobre o ato de delegar tarefas. Por mais expansivo e sociável que o Mobilizador seja, escutar *de verdade* as pessoas não é seu ponto forte. E admitir fraquezas não é o do Especialista. Enquanto este não expuser suas próprias dificuldades em delegar e o Mobilizador não estiver disposto a ouvir, os dois continuarão na iminência de um conflito.

Pesquisador × Estrategista

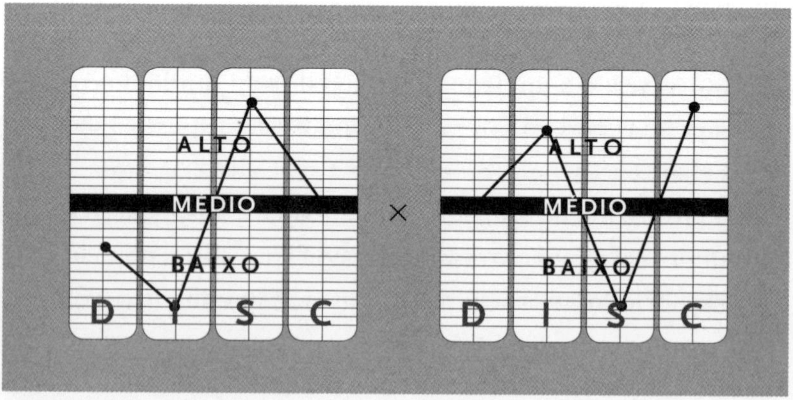

O que acontece quando você junta duas pessoas que são inflexíveis em suas crenças e que sempre possuem um plano claro para o futuro? A não ser que os planos delas combinem, essa mistura será explosiva. Uma vez que o Pesquisador e o Estrategista são movidos por energias diferentes – embora sempre tenham um plano para o futuro –, suas opiniões sobre o caminho a seguir geralmente divergem.

Uma das características do Pesquisador é sua plena confiança na lógica e na razão para resolver problemas. Ele dá muito mais prioridade às tarefas do que às pessoas e é compreensivelmente insensível a demonstrações de emoção. Se você quiser convencer um Pesquisador de alguma coisa, é melhor lhe apresentar dados.

O Estrategista, por outro lado, se interessa primordialmente pelas pessoas e utiliza seu carisma para convencê-las a pensar como ele. Ninguém gosta de falar com uma parede, e é exatamente assim que um Estrategista se sente quando fala com um Pesquisador: seus argumentos mais convincentes não surtem efeito. O Pesquisador, por sua vez, não entende por que o Estrategista não consegue apresentar os fatos e logo supõe que ele está escondendo algo para se concentrar com tanto fervor em "qualquer coisa, menos na verdade".

Perfis que priorizam tarefas costumam se chocar com aqueles que priorizam pessoas, e a resolução é muitas vezes impulsionada pelo desejo de harmonia do segundo perfil. Isso não funciona nesse caso. O Estrategista pode priorizar pessoas, mas é fácil para ele desdenhar aqueles que não compartilham do seu entusiasmo pelas próprias ideias. E, se existe alguém que age dessa forma, em geral é o Pesquisador, que fica se perguntando quando vai ter acesso aos fatos. Uma vez que os dois perfis são inflexíveis em suas crenças sobre como as coisas devem ser feitas, o conflito entre eles pode ser enorme.

Existe algo que o Pesquisador e o Estrategista possam fazer para se reconciliarem? Com certeza. É tudo uma questão de ritmo. O Estrategista está tão disposto a confiar em seu instinto que fica impaciente quando os outros não agem da mesma forma. Mas um Pesquisador não dá o braço a torcer. Este simplesmente não oferece decisões rápidas, e o Estrategista precisa entender que o Pesquisador necessita de tempo para reunir os fatos antes de se sentir à vontade para emitir uma opinião. Quando duas pessoas têm problemas de sintonia, precisam conversar sobre essa questão. Uma vez que o Estrategista geralmente é quem empurra as coisas adiante, é recomendável que ele faça uma pausa para falar com o Pesquisador sempre que começar a sentir aquela onda de impaciência. Certifiquem-se de que estão falando sobre a mesma coisa. O Pesquisador não hesitará em falar na sua cara o que está sentindo; então, leve a sério o que ele disser.

Se você acha que não se pode medir as emoções, observe a rapidez com que as pessoas acatam as ideias do Estrategista. Ele não é nenhum mágico: convence as pessoas porque toca exatamente no que elas consideram importante. O Estrategista também é muito bom em fazer planos. É tão bom que as pessoas confiam muito no que ele pensa. Então, é melhor prestar atenção no que se passa na mente dele. Se você estiver hesitando em levar as sugestões dele em consideração, certifique-se de que é porque se trata de uma verdadeira falácia lógica, não por causa da sua relutância em mudar. O Estrategista dá boas-vindas à mudança com um abraço apertado, e o Pesquisador pode aprender muito com isso.

Por fim, entenda que o uso da emoção por parte do Estrategista para conquistar a opinião das pessoas desvia a atenção de uma qualidade importante que ele compartilha com o Pesquisador: talvez mais do que qualquer outro tipo, o Estrategista e o Pesquisador gostam de colocar os pingos nos is. Quando as coisas estão indo para o espaço, o Estrategista não só exige que tudo seja feito corretamente, como pode convencer o grupo a dar ouvidos ao Pesquisador. Como seu contratipo, o Estrategista possui um raciocínio sagaz e lógico; quando eles chegam a um consenso em relação a um plano, formam uma dupla formidável.

Epílogo: Seguindo adiante

Não tive a oportunidade de conhecer William Marston, o criador do DISC, que morreu em 1947, antes de eu nascer. Porém, há alguns anos, tive a sorte de encontrar uma pessoa que conviveu com ele. Conheci Dorothy em San Diego, em um workshop de certificação em inteligência emocional promovido pela minha empresa. Ela trabalhava como consultora independente para empresas que precisavam de ajuda na criação e implementação de programas de treinamento de funcionários. Quando o assunto no workshop passou a ser autoconhecimento, ela dividiu conosco a experiência de conhecer William Marston e o apontou como uma poderosa influência em sua carreira.

Dorothy ainda era adolescente quando o conheceu: era voluntária em um hospital da região em que Marston passou seus últimos dias de vida. Naquela época, revistas em quadrinhos eram novidade e uma forma muito popular de entretenimento entre as pessoas da idade dela, e ele tinha uma aura de mito por ter criado o personagem da Mulher Maravilha. Ele a inventou no intuito de que ela fosse um modelo de incentivo para as jovens, em um formato que os adolescentes certamente leriam: as revistas em quadrinhos. À medida que Marston refletia sobre sua vida, a conversa passou de gibis para a personalidade, e ele explicou seu modelo DISC para a jovem. De seu leito no hospital, ele revelou apenas um arrependimento naquele dia, e Dorothy nunca esqueceu. Ele disse que a fama proporcionada por seu trabalho com a Mulher Maravilha o afastou da pesquisa sobre a personalidade. Sabia que havia mais trabalho a fazer naquela área e desejava ver quais seriam os desdobramentos do estudo. Confrontado com a morte, seu único arrependimento era não poder ver o que aconteceria em seguida.

Gosto de pensar que este livro ajuda Marston a concretizar sua visão, que ele dá prosseguimento à revelação dos mistérios inerentes ao código da nossa personalidade. Marston viveu em uma época em que a mente ainda era um enigma, porém viu coisas que ninguém mais conseguia ver. Hoje, temos a oportunidade inédita de compreender como a mente funciona – incluindo a base física dos pensamentos dentro do cérebro. A neurociência moderna confirma o que Marston sugeriu há mais de sete décadas: nossos talentos, motivações e tendências são ditados por elementos consolidados de nosso caráter, ou seja, a personalidade. Quando chegamos à idade adulta, a personalidade está gravada no nosso cérebro. Ela compreende os canais que determinam a maneira de agir da nossa mente – é o funil mental pelo qual nossas escolhas precisam passar. O modelo DISC de Marston resistiu ao exame minucioso da análise experimental e cresceu para além dos quatro traços de personalidade, revelando 14 tipos distintos de pessoas. No estudo TalentSmart, vimos como a compreensão do tipo de personalidade gera sucesso. As pessoas que desenvolvem esse tipo especial de autoconhecimento possuem uma visão extraordinariamente clara das suas aptidões e capacidades e sabem quais são as situações e os indivíduos que podem ajudá-las a alcançar o sucesso.

O senso comum sugeria que nos tornamos as pessoas que gostaríamos de ser. Hoje, sabemos que não é bem assim. O segredo do sucesso é saber quem você é e usar seus talentos naturais para alcançar seus objetivos. No fim das contas, seguimos adiante guiados pelas respostas inerentes ao código da nossa personalidade. O Dr. Marston não gostaria que fosse de outra forma.

Apêndice A: Por dentro do IDISC

As perguntas e as respostas a seguir foram preparadas pela equipe TalentSmart, composta por Tanya Goodwin-Maslach, Alexandria Herrera, Jean H. Riley, Nicholas Tasler e Lac D. Su.

Testes psicológicos muitas vezes são cercados de mistério, mas não têm que ser assim. Os princípios que os regem são simples o bastante para serem compreendidos por qualquer um que deseje explorá-los. Este apêndice o ajudará a compreender como o IDISC funciona e revelará como o teste avalia a personalidade humana.

O que é o IDISC?

O IDISC é um teste que avalia com rapidez e precisão seu perfil de personalidade, um termo muitas vezes mal interpretado que descreve as preferências e as tendências das pessoas ao interagirem com o mundo à sua volta. Como a tendência à introversão ou à extroversão, esses traços influenciam a maneira como pensamos, nos sentimos e, por fim, como agimos. Cada um de nós possui um perfil que reflete nossa própria mistura de traços de personalidade e é produzido por padrões de pensamento gravados no cérebro. Quando alcançamos a idade adulta, esses padrões estão consolidados. Eles são os canais que determinam a maneira de pensar de nosso cérebro, os túneis mentais pelos quais nossas escolhas precisam passar. A personalidade é o conjunto das nossas motivações, dos desejos e das preferências que atuam como um modelo das nossas forças e fraquezas – o "código" de cada indivíduo, por assim dizer.

No decorrer dos últimos 200 anos, o estudo do comportamento humano identificou quatro dimensões de personalidade nos indivíduos. A variação da presença dessas quatro dimensões em cada um de nós cria perfis de personalidade distintos. No século passado, a padronização e o rigor na ciência da psicologia possibilitaram nomear, definir e avaliá-los com precisão. As quatro dimensões avaliadas pelo IDISC são: Dominante, Interpessoal, Sensato e Cauteloso. O teste oferece também recomendações de fácil compreensão adaptadas para cada perfil. Embora os cálculos utilizados sejam bastante complicados, o resultado em geral é fácil de entender. Em vez de uma porção de números confusos que nada tem a ver com o mundo à sua volta, o feedback fornecido pelo IDISC vem em termos simples e usados no dia a dia e revela o nível que você possui de cada traço de personalidade DISC, assim como seu tipo de personalidade geral – entre os 14 tipos identificados pelo teste –, que é uma combinação desses quatro traços distintos.

Ao comprar este livro, você tem o direito de usar uma vez o IDISC por meio de um código exclusivo colado no verso da quarta capa. O código só pode ser usado uma única vez, mas seus resultados estarão sempre disponíveis. Você pode voltar ao site www.personalitycode.com/idisc.php?lang=portuguese sempre que quiser, utilizar a ferramenta de *e-learning* interativa e aprender mais com os dinâmicos planos de ação disponíveis.

Em que teoria da personalidade se baseia o IDISC?

O crédito da criação do modelo DISC é de William Moulton Marston, Ph.D. (1893-1947). Ele o introduziu no seu livro *Emotions of Normal People* (Emoções das pessoas normais), publicado em 1928, no qual afirmava que o comportamento humano seguia dois eixos. O primeiro englobava a maneira como as pessoas reagiam ao ambiente que as cercava, se eram ativas ou reativas. O segundo eixo, originalmente rotulado de "antagonista e favorável", dependia da percepção que elas tinham de seu ambiente. Hoje ele é mais adequadamente denominado "foco nas tarefas e foco nas pessoas". Quando cruzados, os dois eixos formam quadrantes que revelam quatro padrões de comportamento.

- **Dominante** diz respeito às pessoas ativas e focadas nas tarefas. São assertivas e dão prioridade ao poder e ao controle.
- **Interpessoal** (Instigador ou Influente) descreve as que são ativas e focadas nas pessoas. Gostam de socializar e dependem de suas habilidades comunicativas.
- **Sensato** se refere a indivíduos reativos e focados nas tarefas. São ponderados, pacientes e persistentes.
- **Cauteloso** (Condescendente e Precavido) representa indivíduos reativos e focados nas pessoas. Buscam organização e estruturas.

Originalmente, Marston buscou entender como as emoções humanas normais levavam indivíduos a se comportarem em reação ao ambiente. Ele desenvolveu o modelo DISC para ajudá-los a compreender melhor não só o comportamento deles, mas também o do próximo. Desde então, o modelo evoluiu continuamente até se tornar uma ferramenta abrangente que calcula a intensidade com que os quatro fatores se manifestam e como interagem, permitindo a um indivíduo identificar seu perfil de personalidade.

Por que o Teste de Personalidade IDISC do TalentSmart se baseou no modelo de William Marston e não em outro?

Primeiramente, esse modelo é o mais duradouro e amplamente utilizado. As dimensões classificadas por Marston resistiram a mais de 70 anos de exames detalhados, análises e modificações. Em segundo lugar, nós constatamos que esse é o modelo mais intuitivo. As pessoas o consideram fácil de entender e de utilizar. Em terceiro lugar, quando você se debruça sobre outros métodos de avaliação da personalidade, descobre que, em sua maioria, a validade deles se baseia em pesquisas limitadas e questionáveis, ou não se baseia em pesquisa alguma.

O Teste de Personalidade IDISC é idêntico ao modelo DISC original de Marston?

Os 14 perfis de personalidade IDISC são o resultado de uma década de pesquisas que deram origem a uma interpretação modernizada do modelo de Marston. O modelo original não foi além das facetas D, I, S e C da nossa personalidade. Já o IDISC usa esses quatro componentes, assim como a combinação deles em cada indivíduo, para delinear um entre 14 tipos de personalidade distintos.

Por que existem 14 tipos de personalidade?

Cada um dos 14 tipos de personalidade IDISC é uma combinação distinta dos quatro traços DISC (Dominante, Interpessoal, Sensato e Cauteloso). Por meio de uma longa série de análises estatísticas, foi possível decompor e condensar as 123 mil configurações de personalidade identificadas em 14 tipos distintos. Cada um deles é estatisticamente diferente do outro – não se sobrepõem de maneira significativa e representam os 14 tipos de pessoas que podem ser identificadas de acordo com suas personalidades consolidadas.

Qual a porcentagem dos 14 tipos de personalidade IDISC?

Os tipos de personalidade se distribuem da seguinte maneira na população geral:

Aliado	5% da população
Arquiteto	13% da população
Treinador	9% da população
Detetive	9% da população
Diplomata	9% da população
Empreendedor	7% da população
Especialista	6% da população
Inovador	3% da população
Mobilizador	3% da população
Motivador	13% da população
Oportunista	2% da população
Pesquisador	4% da população
Relações-Públicas	16% da população
Estrategista	1% da população

É possível ter mais de um tipo de personalidade?

Os traços de personalidade costumam ser considerados estáveis e duradouros no decorrer da vida de um adulto. Na prática, é possível ter certeza de que a personalidade de uma pessoa não mudará a ponto de causar diferenças perceptíveis durante a vida. Por exemplo: com a prática, pode-se aprender a prestar mais atenção a um traço específico, como a concentração nos detalhes. No correr dos anos, atentar aos detalhes pode dar a impressão de que você está se tornando mais Cauteloso (um dos quatro traços de personalidade). No entanto, isso não o transforma em uma pessoa *naturalmente* focada nos detalhes, só aumenta o número de vezes que você escolhe, de maneira consciente, exibir uma das muitas facetas comportamentais que se combinam para formar a dimensão Cautelosa da personalidade. Não é uma mudança tão grande a ponto de fazer diferença.

Por que eu deveria aprender qual é o meu perfil de personalidade se não posso mudá-lo?

O estudo TalentSmart mostra que o autoconhecimento é o segredo para o sucesso pessoal e profissional. Aprender qual é o seu perfil de personalidade é a tarefa mais importante para aprofundar seu autoconhecimento. O seu perfil revela a essência das suas motivações, tendências e preferências. A cada dia, quer você esteja atento a isso ou não, a personalidade determina suas ações de várias formas. Quando descobre qual é o seu perfil, também abre uma porta para pessoas, situações e atividades que irão ajudá-lo a conseguir o que quer. Você pode usar esse conhecimento para eliminar obstáculos do seu caminho e acelerar seu sucesso.

É possível descobrir o tipo de personalidade de uma pessoa sem o teste?

Sim, embora não seja muito fácil indicar o perfil específico de uma pessoa, é perfeitamente possível. Depois de ler sobre o modelo DISC neste livro, você vai descobrir que é simples saber se aqueles que conhece possuem maior tendência a serem Dominantes, Interpessoais, Sensatos ou Cautelosos.

Os 14 tipos DISC de acordo com a tendência prevalecente a ser Dominante, Interpessoal, Sensato ou Cauteloso. Se você se lembrar de que cada tipo tende a favorecer um dos quatro traços DISC, é fácil perceber como eles se agrupam e compreender as pessoas levando em consideração a qualidade predominante das suas personalidades.

Para quem foi criado o IDISC?

O IDISC se diferencia do teste psicológico típico porque foi feito para indivíduos que desejam aprender mais sobre sua própria personalidade. O teste é tão fácil de acompanhar que qualquer um pode usar o IDISC sem precisar da ajuda de um psicólogo para interpretá-lo, e o resultado é fornecido em um formato de fácil leitura.

O IDISC foi feito para ser usado no trabalho ou em casa?

A personalidade é o conjunto estável de tendências, talentos, motivações e preferências que nos acompanha por toda a vida. Portanto, você pode usar o IDISC em qualquer ambiente que desejar – seu resultado não vai mudar. Seu perfil de personalidade é tão predominante e estável que você pode pensar em qualquer aspecto da sua vida ao responder às perguntas. O resultado permanecerá o mesmo e será útil se aplicado à maioria das situações. Mas responda às perguntas com atenção e de acordo com a pessoa que você *realmente* é, não conforme a que deseja ser.

O IDISC pode ser usado para a seleção de profissionais?

O TalentSmart não promove, recomenda ou apoia o uso do IDISC para contratação ou seleção de profissionais. Quaisquer testes que não tenham sido aprovados pela sua organização não devem ser usados no processo de contratação e seleção profissional. O IDISC é uma ferramenta de treinamento e aperfeiçoamento que deve ser utilizada para aumentar a consciência de um indivíduo sobre seu comportamento. Se você usar o teste para fins seletivos, isso pode expor sua empresa a ações judiciais em razão de favorecimento ou efeito discriminatório em potencial sobre os candidatos. Não pretendemos dar recomendações legais e sugerimos que você se aconselhe com um profissional de Direito qualificado.

Os dados que forneço são mantidos em sigilo?

Sim. Todas as respostas fornecidas ao IDISC são armazenadas em um servidor remoto seguro e os seus resultados são confidenciais. O servidor possui uma conexão dedicada que garante que centenas de milhares de pessoas possam acessar o sistema simultaneamente sem que haja redução na velocidade do aplicativo ou na qualidade do seu funcionamento.

O meu perfil de personalidade IDISC tem validade?

O código que você recebe com a compra deste livro tem validade ilimitada e pode ser utilizado a qualquer momento, porém é exclusivo e só poderá ser usado por você e mais ninguém. Depois de fazer o IDISC, você tem acesso imediato aos seus resultados e à ferramenta de *e-learning*, podendo voltar para conferi-los sempre que desejar e ler seu relatório personalizado on-line. Se você fizer o teste gratuito que este livro oferece, pode simplesmente voltar a www.personalitycode.com/idisc.php?lang=portuguese, digitar seu e-mail e código e clicar em "enviar". Caso esqueça seu nome de usuário e sua senha, o código colado no verso da quarta capa deste livro também lhe dará acesso aos resultados depois que fizer o teste.

Como os vídeos ajudam?

Os vídeos disponíveis no site mostram cada um dos tipos de personalidade em ação e servem para mantê-lo em contato com o que está aprendendo, ilustrando pontos-chave do seu perfil de personalidade. Eles o ajudam a descobrir e interpretar as nuances da personalidade nas atitudes das outras pessoas, bem como a aprofundar seu autoconhecimento.

Como o IDISC foi desenvolvido?

O teste foi projetado e desenvolvido por uma equipe de pesquisadores com formação superior em ciências comportamentais. Os itens do teste foram agrupados conceitualmente, analisados e modificados ou eliminados em um processo repetitivo para garantir que cada um deles se enquadrasse em um dos quatro componentes do modelo DISC de Marston.

Como o IDISC foi normatizado?

As normas são padrões descritivos que indivíduos podem usar para comparar seu desempenho ao de outras pessoas. Em outras palavras, o resultado de um teste em que se fornece informação sobre si mesmo significa pouco por si só. O valor ou significado desse resultado deriva daquilo com que ele é comparado e dos parâmetros dos resultados que podem ser obtidos. O IDISC compara as respostas de cada indivíduo com um extenso banco de dados de mais de 100 mil respostas, garantindo assim uma comparação objetiva da personalidade em questão.

O IDISC reduz a predisposição à autoindulgência?

Todos queremos, em maior ou menor nível, dar uma boa impressão e melhorar nossos desempenhos. A predisposição à autoindulgência é a tendência que temos de "caprichar" em testes de autoavaliação, assumindo o crédito por nossos sucessos (predisposição à autoindulgência) e negando a responsabilidade por qualquer fracasso (tendência à autoproteção). Embora seja quase impossível eliminar isso em testes em que se fornece informação sobre si mesmo, a questão é menos relevante no caso do IDISC do que na maior parte dos testes, pois ele avalia sua tendência a exibir comportamentos exclusivos, sem dar mais valor a um ou a outro comportamento. Você pode falsificar um resultado conscientemente ao escolher de modo aleatório respostas que não se aplicam ao seu caso, mas só pode fazer isso de maneira intencional. Caso contrário, o teste irá corrigir seu resultado para oferecer uma avaliação precisa do seu perfil de personalidade.

Por que o IDISC utiliza os 112 adjetivos que estão nas perguntas e não outros? Por que eles são separados em 28 grupos de quatro?

Os 112 adjetivos no teste foram selecionados com o intuito de eliminar as tendências comuns de autoimagem que os indivíduos costumam ter. Os adjetivos têm o mesmo peso para garantir que as pessoas dificilmente prefiram um em detrimento do outro. Isso garante que elas darão respostas honestas sobre o que tendem a falar e fazer em vez de responder o que gostariam que descrevesse o comportamento delas. Os adjetivos são separados em 28 grupos de quatro para forçar a escolha de um adjetivo que *melhor* descreve seu comportamento e outro que *pior* o descreve. Cada um deles corresponde a um dos aspectos do modelo DISC, apresentados aos usuários de modo aleatório. Um participante que faz o IDISC esboça inconscientemente a natureza da sua personalidade por meio dos itens que são escolhidos ou rejeitados.

Como o IDISC pode ser preciso com apenas 28 perguntas?

Ao contrário do que se pensa, testes de personalidade não necessitam de um grande número de perguntas para avaliar sua personalidade com precisão. Testes psicológicos simplesmente não precisam ser extensos para serem confiáveis e válidos. Sem dúvida, é mais difícil criar um teste curto que continue sendo válido e confiável, mas é por isso que o TalentSmart passou anos desenvolvendo um novo teste antes de lançá-lo. É mais comum encontrar um teste que seja longo demais do que um que seja curto demais, por conta da quantidade de itens supérfluos.

Apêndice B: Nos bastidores do estudo TalentSmart

Os números são poderosos. Para que não ousemos esquecer, sempre somos lembrados disso em cartas e e-mails enviados por pessoas cujas vidas foram modificadas por nossa pesquisa. No começo de 2007, recebemos de uma penitenciária feminina no Oregon uma carta comovente que começava assim: "Se eu tivesse aprendido antes o que o livro de vocês me ensinou, não estaria atrás destas grades hoje." Nosso trabalho é descobrir as qualidades que impulsionam as pessoas bem-sucedidas – tanto individual quanto coletivamente –, de modo que todos possam aplicar essas habilidades em benefício próprio.

Nossa caminhada começou em meados da década de 1990, quando deparamos com a pergunta: "Existe uma qualidade que qualquer pessoa possa cultivar para alcançar mais sucesso?" O estudo TalentSmart busca continuamente a resposta para essa questão.

Passo 1. Avaliação da pessoa como um todo

Os pensamentos, as atitudes e as palavras são produto de três faculdades mentais: inteligência (QI), inteligência emocional (QE) e personalidade. Embora não possamos calcular uma baseados na outra, podemos calculá-las coletivamente em qualquer pessoa. A inteligência é a menos flexível das três. Caso você não sofra nenhum evento traumático, como um dano cerebral, o seu QI se consolida em uma idade muito tenra. A inteligência não é o conhecimento que você possui, mas sua habilidade de obter fatos e informação. O QI é calculado em comparação ao de outras pessoas e, na maioria dos casos, é praticamente idêntico aos 15 e aos 50 anos. Os cientistas começaram a medi-lo no começo do século XX e perceberam que esse era um método rápido de distinguir aqueles que possuíam um desempenho superior dos que estavam abaixo da média. Porém, logo notaram que faltava algo importante. Muitas pessoas eram incrivelmente inteligentes, mas limitadas no que dizia respeito à sua capacidade de controlar seu comportamento e se relacionar bem com outros indivíduos. Também havia aqueles que se destacavam

AVALIANDO A PESSOA COMO UM TODO

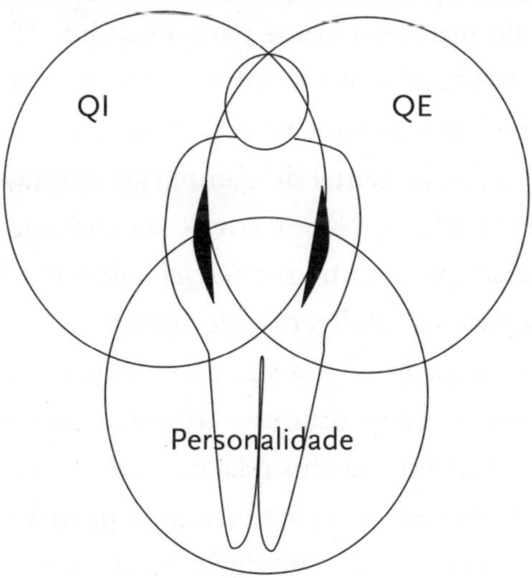

Inteligência (QI), personalidade e inteligência emocional (QE) são faculdades distintas que todos possuímos. Juntas, elas determinam a maneira como pensamos e agimos, e é impossível calcular uma com base em outra. Das três, a inteligência emocional é a única flexível e passível de mudança.

apesar de terem uma inteligência mediana. O QI continuou sendo estudado por décadas, mas poucas informações novas relevantes foram coletadas para benefício do estudo da superioridade individual. As pessoas atingem o máximo da sua inteligência muito jovens, e calculá-la não as ajuda muito a se aprimorarem. Uma vez que o QI consiste em apenas uma pequena fatia do quadro geral da inteligência de qualquer indivíduo, ele não foi medido no estudo TalentSmart.

As faculdades mentais que os pesquisadores constataram desempenhar um importante papel para além do QI são a inteligência emocional (medida pelo quociente emocional, o QE) e a personalidade. As aptidões da inteligência emocional são maleáveis e fáceis de aprender. Embora seja verdade que algumas pessoas possuam uma inteligência emocional naturalmente maior do que outras, um QE alto pode ser desenvolvido mesmo que você não tenha nascido com ele. A descoberta do QE deu a cientistas de todo o mundo um novo nome para a habilidade que explica por que dois indivíduos com a mesma inteligência podem alcançar níveis tão diferentes de sucesso. A inteligência emocional toca em um elemento fundamental do comportamento humano que é distinto do seu intelecto. Não se conhece nenhuma ligação entre QI e QE – é simplesmente impossível calcular a inteligência emocional com base na inteligência de alguém.

A inteligência emocional é a sua habilidade de reconhecer e compreender emoções e de usar essa compreensão para ter controle sobre si mesmo e sobre seus relacionamentos com as outras pessoas. Gostaríamos de compartilhar uma descrição resumida para simplificar as coisas: "A inteligência emocional está relacionada ao lado da vida que a inteligência tradicional ignora." Calculamos o QE por meio de um teste de 28 perguntas denominado Avaliação da Inteligência Emocional. Essa avaliação calcula as quatro principais aptidões da inteligência emocional nas áreas de competência pessoal e social: autoconhecimento, autocontrole, consciência social e administração de relacionamentos. Chamamos essas aptidões de "maleáveis" porque elas podem mudar no decorrer de uma vida. É possível aumentar ou diminuir o QE de maneira consciente, e ele tende a crescer ou diminuir em resposta às circunstâncias que a vida nos apresenta.

Passo 2. Coleta dos dados

O banco de dados do estudo TalentSmart contém respostas fornecidas por 500 mil participantes, coletadas por mais de uma década. Nosso objetivo era reunir uma amostragem a mais diversificada possível para podermos fazer interpretações que representassem verdades comuns a todos os tipos de pessoa. Aproximadamente 82% dos participantes fizeram nossos testes pela internet e 28% os fizeram à mão. Os testes feitos à mão foram calculados de maneira mecânica e transferidos para o banco de dados. Havia três categorias de participantes:

- os que chegaram aos testes por meio de anúncios na internet e do boca a boca;
- clientes testadores do TalentSmart, que participaram dos testes para fins de aprimoramento profissional e pessoal;
- profissionais de organizações que contrataram nossos serviços para avaliação do quadro de funcionários em toda a empresa ou em departamentos específicos.

Passo 3. Análise dos resultados

Antes de compararmos os resultados dos testes com as consequências na vida real, utilizamos uma análise estatística para confirmar a validade da estrutura por trás da avaliação. A meta era determinar se a disposição dos instrumentos – como os itens estavam agrupados – era confirmada pelos dados coletados. O primeiro passo da avaliação dos itens de um teste diz respeito ao conceito de "validade aparente", que determina se as perguntas parecem ser uma representação válida do conceito a ponto de os observadores e os participantes aceitarem seu resultado.

Demografia do estudo TalentSmart

Continentes	**Todos os seis continentes habitados**
Países	**133 países** América do Norte, América Central e Caribe: 27; América do Sul: 13; Europa: 39; África: 20; Ásia: 31; Austrália: 3
Gênero	**51% masculino; 49% feminino**
Idade	**18-93 anos**
Profissão	**15 áreas distintas** Vendas, marketing, finanças, contabilidade, administração, atendimento ao consumidor, recursos humanos, desenvolvimento organizacional, educação, TI/SI, engenharia, desenvolvimento de negócios, indústria/produção, pesquisa e desenvolvimento, e desempregados
Cargo	**Sete classificações** Autônomo, supervisor, gerente, diretor, executivo, executivo sênior/vice-presidente e presidente

Diagrama que ilustra a relação do autoconhecimento com o desempenho profissional e a satisfação com a vida.

Notas

Introdução: Separados após o nascimento

A história de Thomas Patterson e Steven Tazumi foi coberta pelos meios de comunicação de vários lugares logo depois do reencontro dos dois em julho de 1999. Ver: Associated Press, "Twins Being Reunited After Separation as Babies", *Chanute Tribune* (Kansas), 13 de julho de 1999; e Debra e Lisa Ganz, "Twins Separated at Birth in Japan Reunited 40 Years Later", disponível em www.twinsworld.com/news_archive. Uma transcrição da entrevista com Thomas Patterson e Steve Tazumi no programa de rádio de Fred Goodwin, *The Infinite Mind*, de 9 de fevereiro de 2000, está disponível em http://lcmedia.com/mindprgm.htm.

Embora a situação tenha melhorado até certo ponto desde a década de 1950, mães solteiras ainda sofrem discriminação considerável na cultura japonesa. Para mais informações sobre o assunto, ver: Megan McKinlay, "Unstable Mothers: Redefining Motherhood in Contemporary Japan", *Intersections* 7 (março de 2002). O artigo está disponível on-line em: http://intersections.anu.edu.au/issue7/mckinlay.html.

Para uma análise das anomalias entre gêmeos geneticamente idênticos, ver: *Entwined Lives* (Nova York: Dutton, 1999), de Nancy Segal.

As incríveis semelhanças entre os gêmeos idênticos Steve Tazumi e Tom Patterson levam a reflexões sobre a antiga discussão entre natureza versus criação. Isto é, o fato de eles serem tão incrivelmente parecidos significa que nosso comportamento e aparência são ditados apenas pela genética? Embora a ciência psicológica tenha se ocupado disso nas décadas passadas, o corpo de pesquisa publicado nos últimos 15 a 20 anos é taxativo: nossa identidade comportamental é controlada 50% pelos nossos genes e 50% pelo ambiente. Embora gêmeos idênticos geralmente tenham uma semelhança incrível, é comum que o comportamento deles varie. No caso de Tom e Steve, os ambientes em que eles foram criados se alinharam de tal forma durante o crescimento que suas personalidades e – por definição – o comportamento dos dois se tornaram extraordinariamente semelhantes. Para uma explicação completa do impacto diferencial dos genes e do ambiente no nosso comportamento, ver o segundo livro de Nancy Segal sobre gêmeos: *Indivisible by Two* (Cambridge, Massachusetts: Harvard University Press, 2005).

Para outras descobertas do estudo TalentSmart, ver: *Desenvolva a sua inteligência emocional: tudo o que você precisa saber para aumentar o seu Q.E.*, de Travis Bradberry e Jean Graves (Rio de Janeiro: Sextante, 2007).

Para outras aptidões avaliadas pelo estudo TalentSmart, a inteligência emocional foi a que mais recebeu atenção da mídia, ver: Travis Bradberry e Jean Graves, "Heartless Bosses", *Harvard Business Review*, dezembro de 2005, e Martha Brant, "Why Emotional Intelligence Matters", Newsweek.com, 14 de junho de 2005, msnbc.msn.com/id/8214937/site/newsweek/.

Uma análise detalhada sobre como os padrões do pensamento (padrões neurais) são formados no cérebro pode ser encontrada em Joseph LeDoux,

Synaptic Self: How Our Brains Become Who We Are (Nova York: Penguin, 2002).

Os estudos psicológicos sobre o trauma apresentam uma interessante janela para a permanência dos padrões consolidados de pensamento no cérebro. Durante experiências intensamente traumáticas, os padrões neurais são danificados. Ver o trabalho do psicólogo de Harvard, B. A. van der Kolk, "The Body Keeps the Score: Memory and Emerging Psychobiology of Post Traumatic Stress", *Harvard Review of Psychiatry*, 1 (1994): pp. 253-265. B. A. van der Kolk et al., "Dissociation, Somatization, and Affect Dysregulation: The Complexity of Adaptation to Trauma", *American Journal of Psychiatry, 153* (1996): pp. 83-93.

A permanência da personalidade é revelada por meio de estudos longitudinais, que acompanham os mesmos indivíduos durante anos e avaliam as mudanças ou, se for o caso, a ausência delas. Para estudos longitudinais conduzidos por grupos distintos de pesquisadores que chegaram a conclusões semelhantes no que diz respeito à estabilidade da personalidade, ver: P. T. Costa Jr., E. J. Metter e R. R. McCrae, "Personality Stability and Its Contribution to Sucessful Aging", *Journal of Geriatric Psychiatry*, 27 (1994): pp. 40-59. J. Block e J. H. Block, "Venturing a 30-Year Longitudinal Study", *American Psychologist*, 61, 4 (2006): pp. 315-327. J. J. Conley, "A Personality Theory of Adulthood and Aging". *In*: R. Hogan e W. Jones, orgs., *Perspectives in Personality*, vol. 1 (Greenwich, Connecticut: JAI Press, 1985). S. Soldz e G. E. Vaillant, "The Big Five Personality Traits and the Life Course: A 45-Year Longitudinal Study", *Journal of Research in Personality*, 33 (1999): pp. 208-232.

Os 14 tipos de personalidade, incluindo suas origens, são discutidos minuciosamente neste livro. Porém, existem mais informações sobre o assunto, na forma de dois informativos gratuitos e disponíveis para download em www.talentsmart.com/learn chamados "IDISC: Therefore I Am" e "The Business Case for Personality".

O número de configurações de personalidade possíveis se baseia em uma série de cálculos que levam em conta a quantidade de traços de personalidade avaliados e os graus de variabilidade disponíveis para cada um deles. Ver: T. Pappas, "Pascal's Triangle, the Fibonacci Sequence and Binomial Formula" e "Probability and Pascal's Triangle", em *The Joy of Mathematics* (San Carlos, Califórnia: Wide World, 1989).

1: A anatomia da personalidade

Mais informações sobre a criação do Estudo Longitudinal sobre Envelhecimento de Baltimore e seus fundadores podem ser encontradas em www.grc.nia.nih.gov/branches/blsa/blsanew.htm.

O aumento de vocabulário que ocorre nos indivíduos até bem depois dos 80 anos de idade, conforme descoberto pelo Estudo Longitudinal sobre Envelhecimento de Baltimore, foi documentado por: L. M. Giambra et al., "Adult Life Span Changes in Immediate Visual Memory and Verbal Intelligence", *Psychology of Aging*, 10 (1995): pp. 123-139.

Para mais informações sobre o impacto do envelhecimento no metabolismo, conforme descoberto pelo Estudo Longitudinal sobre Envelhecimento de Baltimore, ver a transcrição do *Health Report*, de 14 de julho de 1997, da Australian Broadcasting Corporation, disponível em www.abc.net.au/rn/talks/8.30/helthrpt/stories/s179.htm. Ver também: R. E. Vestal et al., "Aging and Ethanol Metabolism", *Clinical Pharmacology and Therapeutics*, 21 (1977): pp. 343-354.

As citações de Fred Litwin a respeito de sua experiência no Estudo Longitudinal sobre o Envelhecimento de Baltimore aparecem em Janet Silver,

"Baltimore Longitudinal Study on Aging", ABC (Austrália), *The Health Report*, 14 de julho de 1997, disponível em www.abc.net.aa/rn/talks/8.30/helthrpt/stories/s179.htm.

A história do elevador de Fred Litwin – que usa roldanas manuais em vez de motor e foi o primeiro modelo a contar com um dispositivo de segurança, evitando que os passageiros despencassem no fosso em caso de falhas no equipamento – pode ser encontrada em: Marjorie Hunter, "Case Study for Elevator Antiquarians", *New York Times*, 6 de maio de 1985.

Até a publicação deste livro, o estado do elevador de Fred Litwin – o mais antigo dos Estados Unidos – era no mínimo incerto. Sua loja de móveis, anteriormente localizada no cruzamento entre a 7th Street, a Indiana Avenue, a Pennsylvania Avenue e o C. Alley no centro de Washington, D.C., de frente para a Temperance Fountain, foi fechada. Ver: John Kelly, "John Kelly's Washington Live", *Washington Post Online*, 20 de maio de 2005, http://www.washingtonpost.com/wp-dyn/content/discussion/2005/05/13/DI2005051301 16.

Passagens – Crises previsíveis da vida adulta (Rio de Janeiro: Francisco Alves, 1980), o extremamente popular livro de autoajuda de Gail Sheehy, sugeriu a influência dos estágios da vida no desenvolvimento da personalidade, proposição que na época dominou a percepção do público acerca de personalidade. Ele chegou a vender mais de 6 milhões de exemplares, influenciando a adoção da mídia do termo "crise de meia-idade", e sustentou a crença equivocada de que a personalidade oscila no decorrer da vida. Entre as célebres publicações que fomentaram a ideia de que a personalidade muda através dos estágios da vida estão: *Adaptation to Life*, de George E. Vaillant (Boston: Little, Brown, 1977); *Transformations*, de Roger L. Gould (Nova York: Simon & Schuster, 1978) e *The Seasons of a Woman's Life*, de Daniel J. Levinson (Nova York: Knopf, 1996).

O Dr. Paul T. Costa é citado na entrevista de Fred Litwin ao *Health Report* da ABC (ver notas anteriores), assim como seu livro escrito em coautoria com Robert R. McCrae, *Personality in Adulthood: A Five-Factor Theory Perspective* (Nova York: Guilford, 2003).

Relatos sobre o acidente e a recuperação de Terry Wallis se encontram em: Benedict Cary, "Mute 19 Years, He Helps Reveal Brain's Mysteries", *New York Times*, 4 de julho de 2006; e "Arkansan's Brain Grew New Nerves", *Arkansas Democrat Gazette*, 4 de julho de 2006.

Indivíduos que tiveram recuperações difíceis em situações parecidas com as de Terry são descritos por Sam Lister em: "Miracle of Crash Victim Who Awoke After 19 Years in a Coma", *The Times* (Londres), 4 de julho de 2006.

Aqueles interessados em ajudar a família de Terry Wallis a pagar seu longo tratamento devem entrar em contato com: Terry Wallis Special Needs Trust, Bank of Izard County, P.O. Box 1999, Mountain View, AR 72560.

Descobertas detalhadas da equipe da Universidade de Cornell que observou Terry Wallis estão disponíveis em: Henning U. Voss et al., "Possible Axonal Regrowth in Late Recovery from the Minimally Conscious State", *The Journal of Clinical Investigation*, 116, 7 (julho de 2006): pp. 2.005-2.111.

"The Treasure at the Bottom of the Brain", de Henrietta C. Leiner e Alan Leiner, disponível em www.newhorizons.org/neuro/leiner.htm, é um brilhante resumo do papel do cerebelo como centro processador responsável por várias regiões do cérebro. Ver também Eric Courchesne e Greg Allen, "Prediction and Preparation, Fundamental Functions of the Cerebellum", *Learning and Memory*, 4: 1 (maio/junho de 1997): pp. 1-35.

Para mais informações sobre a plasticidade cerebral, ver o artigo divisor de águas que introduziu o termo, de T. P. Pons et al., "Massive Cortical Reorganization After Sensory Deafferentation in Adult Macaques", *Science*, 252 (13 de novembro de 1992): pp. 1.159-1.160; N. Jain, "Deactivation and Reactivation of Somatosensory Cortex Is Accompanied by Reductions in GABA Straining", *Somatosensory and Motor Research*, 8 (1997): pp. 347-354. D. Borsook et al., "Acute Plasticity in the Human Somatosensory Cortex Following Amputation", *NeuroReport*, 9 (1998): 1.013-1.017.

Para mais informações sobre a neuroplasticidade da personalidade no começo da vida, ver: E. R. Kandel, J. H. Schwartz e T. M. Jessell, *Fundamentos da neurociência e do comportamento* (Rio de Janeiro: Guanabara Koogan, 2000); e C. J. Shatz, "The Developing Brain", em *Readings from Scientific American: Mind and Brain* (Nova York: Freeman, 1993), pp. 15-26.

Para mais informações sobre o número dos neurônios no cérebro e suas estruturas, ver: *The Scientific American Book of the Brain*, 3ª ed. (Nova York: Scientific American, 1999); E. R. Kandel, J. H. Schwartz e T. M. Jessell, *Princípios da neurociência* (São Paulo: Manole, 2003).

Para mais detalhes sobre as mudanças físicas do sistema nervoso central iniciadas por influências externas, ver: C. H. Bailey e E. R. Kandel, "Structural Changes Accompanying Memory Storage", *Annual Review of Physiology*, 55 (1993): pp. 397-426.

A respeito da descoberta da localização da personalidade no córtex orbitofrontal direito do cérebro, ver entrevistas com Robert T. Knight, da Universidade da Califórnia em Berkeley, e Michael Gazzaniga, da Faculdade de Dartmouth, no vídeo *Studying the Mind* (Nova York: Norton, 2003).

A pesquisa que estuda o desenvolvimento do lobo frontal do cérebro em crianças no Centro Shriver em Massachusetts estabelece um alto padrão para a combinação de fenômenos comportamentais e o mapeamento simultâneo do cérebro. A pesquisa abordada neste livro foi exibida no episódio número 1.302 do programa *Frontiers*, intitulado *Make Up Your Mind*, produzido pela revista *Scientific American* e exibido em 15 de outubro de 2002.

As teorias médicas de Hipócrates estão historicamente representadas no *Corpus Hippocraticum*, uma coletânea de antigas obras médicas gregas. Hipócrates é considerado o autor de alguns, porém não de todos, textos da referida obra. Embora não haja como determinar com certeza quais textos foram escritos pelo próprio Hipócrates, o pensamento citado nesse capítulo foi retirado de obras que são atribuídas a ele pela maioria dos acadêmicos. Uma tradução direta para o inglês do *Corpus Hippocraticum* está disponível em http://classics.mit.edu/Browse/browse-Hippocrates.html. Um excelente livro que contém os escritos atribuídos a Hipócrates, assim como um panorama da medicina grega que engloba séculos e representa obras mais extensas geralmente atribuídas a outros pensadores gregos, é *Hippocratic Writings* (Nova York: Penguin, 1984).

O *Corpus Hippocraticum* literalmente dominou a medicina na Idade Média. Certas práticas geradas por essa teoria, como as sangrias, continuaram sendo utilizadas até a Guerra Civil Americana, em 1860. Sobre essa influência histórica de Hipócrates na prática da medicina, ver: Vivian Nutton, *Ancient Medicine* (Nova York: Routledge, 2004), e Lawrence Conrad, Michael Neve, Vivian Nutton, Roy Potter e Andrew Wear, *The Western Medical Tradition: 800 B.C. to A.D. 1800* (Nova York: Cambridge University Press, 1995).

O juramento feito pelos médicos é um sinal da importância da teoria de Hipócrates na medicina, e a evolução dele pode ser vista em: *The Physician's Creed: An Anthology of Medical Prayers, Oaths, and Codes of Ethics Written and Recited by Medical Practitioners Through the Ages*, de M. B. Etziony (Springfield, Massachusetts: Charles C. Thomas, 1973).

William James foi o professor de Harvard que influenciou William Marston e é considerado o primeiro psicólogo americano. James ensinava medicina, fisiologia e biologia em Harvard em uma época em que o estudo da mente humana ainda não era considerado ciência. Ele foi pioneiro no campo da psicologia, integrando seu conhecimento desta ao estudo da mente. Alguns de seus influentes livros são: *The Principles of Psychology* (Mineola, NY: Dover, 1950), *A vontade de crer* (São Paulo: Loyola, 2001), *Human Immortality* (Mineola, NY: Dover, 1956) e *The Meaning of Truth* (Kila, Montana: Kessinger, 2004). Um abrangente panorama das suas obras mais antigas pode ser encontrado em: *William James: Writings 1878-1889: Psychology, Briefer Course, The Will to Believe, Talks to Teachers and Students* e *Essays* (Nova York: Library of America, 1992).

A condutividade da pele é medida por meio de sua resposta galvânica – um cálculo da resistência elétrica produzida por estímulos emocionais que é feito mediante a fixação de eletrodos em qualquer parte do corpo e o registro de alterações em atividades consecutivas relacionadas ao sistema nervoso autônomo –, um acréscimo ao polígrafo de Marston, que continua sendo um divisor de águas no que diz respeito à reação fisiológica do corpo às emoções. Para mais informações, ver: Yashura Kimoshi, Aihide Yoshino, Yoshimoto Takahashi e Sichiro Nomura, "Interhemispheric Difference in Emotional Response Without Awareness", *Physiology and Behavior*, 82, 4 (30 de setembro de 2004): pp. 727-731. K. H. Kim, S. W. Bang e S. R. Kim, "Emotion Recognition System Using Short-Term Monitoring of Physiological Signals", *Medical & Biological Engineering & Computing*, 42, 3 (2004): pp. 419-427. Witvliet VanOyen, Charlotte Vrana e R. Scott "Psychophysiological Responses as Indices of Affective Dimensions", *Psychophsysiology*, 32, 5 (1995): pp. 436-443.

Outras medições fisiológicas foram acrescentadas para a sofisticação do polígrafo. Para mais informações, ver: Richard I. Thackray e Martin T. Orne, "A Comparison of Physiological Indices in Detection of Deception", *Psychophysiology*, 4, 3 (1968): pp. 329-339 e John A. Podlesny e David C. Raskin, "Effectiveness of Techniques and Physiological Measures in the Detection of Deception", *Psychophysiology*, 15, 4 (1978): pp. 344-359.

Mais informações sobre o desenvolvimento por Marston da técnica por trás do polígrafo se encontram nos seguintes trabalhos que assinalam as respostas fisiológicas do corpo quando uma pessoa mente: William Moulton Marston, "Reaction Time Symptoms of Deception", *Journal of Experimental Psychology*, 3 (1926): pp. 72-87; William Moulton Marston, "Systolic Blood Presure Symptoms of Deception and Constituent Mental States" (tese de doutorado, Universidade de Harvard, 1921); William Moulton Marston, "Psychological Possibilities in the Deception Tests," *Journal of Criminal Law and Criminology*, 11, 4 (fevereiro de 1921): pp. 112-131; William Marston, *The Lie Detector Test* (Nova York: Smith, 1938) e P. L. Harriman, org., "Lie Detection's Bodily Basis and Test Procedures". *In*: *Enyclopedia of Psychology* (Nova York: Oxford University Press, 1947).

As pessoas mentem com muito mais frequência do que imaginam. O estudo que mostra que pouco mais que a metade de nós admite mentir, embora a porcentagem real seja de 97%, foi retirado da Associated Press, em 11 de julho de 2006. Outros estudos revelam que a pessoa comum conta pelo menos uma mentira por dia. Para mais informações sobre o assunto, ver: Peter Doskotch, "The Real Truth About Lying", *Psychology Today*, 29, 5 (setembro/outubro de 1996): 16 e Elizabeth B. Ford, "Lie Detection: Historical, Neuropsychiatric and Legal Dimensions", *International Journal of Law and Psychiatry*, 29, 3 (maio/junho de 2006): pp. 159-177.

Para mais informações sobre a relação estabelecida por Marston entre as reações fisiológicas do corpo e as emoções e a personalidade, ver: William

Moulton Marston, "Primary Emotions", *Psychological Review*, 34 (1927): pp. 336-363; William Moulton Marston, "Motor Consciousness as a Basis for Emotion", *Journal of Abnormal and Social Psychology*, 22 (1927): pp. 140-150, e William Moulton Marston, "Bodily Symptoms of Elementary Emotions", *Psyche*, 10 (1929): pp. 70-86.

Quando Marston revelou seu modelo de personalidade, os trabalhos de Sigmund Freud e Carl Jung dominavam a concepção do mundo da psique humana. Tanto Freud quanto Jung postulavam que o comportamento humano era resultado de conflitos inconscientes, mas Marston via duas grandes falhas nesse raciocínio. Em primeiro lugar, ele considerava a dinâmica dos conflitos inconscientes complexa demais – era impraticável para a pessoa comum entendê-la e se beneficiar dela. Em segundo lugar, não era baseada em pesquisas. Para aprender mais sobre o modelo DISC de personalidade original, consulte seu livro *The Emotions of Normal People* (Nova York: Taylor & Francis, 1928).

O modelo DISC de Marston foi convertido pela primeira vez em um teste em 1977, na Universidade de Minnesota, em um projeto coordenado por John G. Geier. Para mais informações, ver: William Moulton Marston, *The Emotions of Normal People: Introduced with an Interpretation, References, and a Presentation of a New Construct – Situation Perception Analysis – by John G. Geier, Ph.D.* (Minneapolis: Persona Press, 1979). Esse teste é muitas vezes chamado de Personal Profile System, ou Disc Classic, publicado pela Inscape Publishing. O teste Inscape Disc é responsável por apresentar mais de 40 milhões de pessoas ao modelo de personalidade DISC de Marston. Para mais informações, ver: Julie Straw, *The 4-Dimensional Manager: Disc® Strategies for Managing Different People in the Best Ways* (São Francisco: Berrett-Koehler, 2002).

Mais adiante em sua carreira, o trabalho do Dr. William Marston se afastou da pesquisa psicológica, aproximando-se mais de veículos que atraíam a atenção do público. A criação da Mulher Maravilha se originou do seu palpite de que as mulheres alcançariam maior autonomia nas décadas futuras e que as crianças precisavam de um modelo feminino assertivo e independente. Para mais informações, ver: William Moulton Marston, "Why 100,000,000 Americans Read Comics", *The American Scholar*, 13, 1 (1944): pp. 35-44; Geoffrey C. Bunn, "The Lie Detector, *Wonder Woman*, and Liberty: The Life and Works of William Moulton Marston", *The History of the Human Sciences*, 10 (1997): pp. 91-119 e Les Daniels e Chip Kidd, *Wonder Woman: A Complete History* (São Francisco: Chronicle, 2000).

2: Autoconhecimento gera sucesso

O segredo do sucesso de Michael Larson no programa *Press Your Luck* foi revelado pela primeira vez em uma entrevista para o *TV Guide* em novembro de 1994, chamada "The Day the Game Show Got Whammied". Outras matérias se seguiram, entre elas a da Associated Press, "Metro Ohioan Pulled 'Whammy' to Win on Game Show", de 28 de novembro de 1994. O mais completo relato sobre sua vida depois do programa – incluindo a primeira exibição em mais de uma década dos episódios de *Press Your Luck* dos quais ele participou – pode ser visto em um documentário de 2003 sobre a *Game Show Network*, intitulado "Big Bucks: The Press Your Luck Scandal". Por fim, um website dedicado ao programa responde a praticamente qualquer pergunta sobre Michael Larson e *Press Your Luck*: http://gscentral.net/pyl.htm.

A interpretação do autoconhecimento como um componente essencial da inteligência emocional foi retirada dos primeiros estudos significativos na área realizados na Universidade de Yale. Entre eles: Jack Mayer et al., "Perceiving Affective Content in Ambiguous Visual Stimuli: A Component of Emotional Intelligence", *Journal of Personality Assessment*, 54 (1990), Jack Mayer e Peter Salovey, "The Intelligence of Emotional Intelligence", *Intelligence*, 17 (1993) e Jack Mayer e A. Stevens, "An Emerging Understanding of the Reflective (Meta) Experience of Mood", *Journal of Research in Personality*, 28 (1994).

Para mais detalhes sobre a localização da personalidade em uma região separada do cérebro, ver: Donald T. Stuss e Robert T. Knight, *Principles of Front Lobe Function* (Nova York: Oxford University Press, 2002). Resumos da mais recente pesquisa e novos e futuros artigos de Knight estão disponíveis em http://psychology.berkeley.edu/faculty/profiles/rknight.html. O Dr. Michael Gazzaniga é diretor do departamento de ciências cognitivas da Faculdade Dartmouth, cuja pesquisa é mencionada no que se refere à separação das funções emocionais e de personalidade no córtex pré-frontal do cérebro. Seus estudos sobre como o cérebro capacita a mente podem ser encontrados em www.dartmouth.edu/~cogneuro/Gazzaniga.html.

Para detalhes sobre a história e a aplicação de testes psicológicos, ver Robert J. Gregory, *Psychological Testing: History, Principles and Applications*, 4ª ed. (Nova York: Allyn & Bacon, 2003).

A exatidão dos testes de personalidade por meio de relatos em que se fornece informação sobre si mesmo é um fenômeno baseado nas descobertas de que esses relatos se tornam mais precisos de acordo com a extensão do conjunto de comportamentos em análise. Ver: S. Epstein, "Traits are Alive and Well". *In*: David Magnusson e Norman S. Endler, orgs., *Personality at the Crossroads: Current Issues in Interactional Psychology* (Hillsdale, Nova Jersey: Erlbaum, 1987): pp. 83-98. Descobertas semelhantes foram posteriormente relatadas por D. S. Moskowitz, "Cross-Situational Generality in the Laboratory: Dominance and Friendliness", *The Journal of Personality and Social Psychology*, 54 (1988): pp. 829-839; e D. C. Funder e C. D. Sneed, "Behavioral Manifestations of Personality: An Ecological Approach to Judgmental Accuracy", *The Journal of Personality and Social Psychology*, 64 (1993): pp. 479-490.

Embora este livro seja o primeiro a publicar toda a extensão e as respectivas implicações do estudo TalentSmart, as descobertas acumuladas se prestaram a uma série de publicações desde que foram divulgadas há alguns anos. Para uma descrição mais detalhada das descobertas iniciais do estudo, ver: *Desenvolva a sua inteligência emocional: tudo o que você precisa saber para aumentar o seu Q.E.*, de Travis Bradberry e Jean Graves (Rio de Janeiro: Sextante, 2007).

Dados sobre a relação entre o autoconhecimento, como componente da inteligência emocional, e o desempenho profissional podem ser encontrados em: Travis Bradberry, *The Business Case for Emotional Inteligence*, disponível para download em www.talentsmart.com/media/uploads/pdfs/The_Business_Case_For_EQ.pdf.

Para outras informações além das disponibilizadas pelo estudo TalentSmart sobre o impacto negativo da falta de autoconhecimento, ver: O. Ayduk e W. Mischel, "When Smart People Behave Stupidly: Reconciling Inconsistencies in Social-Emotional Intelligence". *In*: Robert J. Sternberg, org., *Why Smart People Can Be So Stupid* (New Haven, Connecticut: Yale University Press, 2002).

Para outras informações além das disponibilizadas pelo estudo TalentSmart sobre o impacto da autoconsciência em questões fundamentais como felicidade e satisfação com a vida, ver: Marc A. Brackett et al., "Emotional Intelligence and Its Relation to Everyday Behavior", *Personality and Individual Differences*, 36 (2004): pp. 1.387-1.402. Benjamin Palmer et al., "Emotional Intelligence and Life Satisfaction", *Personality and Individual Differences*, 33 (2002): pp. 1.091-1.100 e Adrian Furnham, "Trait Emotional Intelligence and Happiness", *Social Behavior & Personality*, 31 (2003): pp. 815-824.

A imensa maioria dos dados válidos no teste IDISC se encontra no Apêndice A deste livro; informações adicionais podem ser acessadas em uma

"Folha de Dados" do teste em www.talentsmart.com/media/uploads/pdfs/iDISC_Fact_Sheet.pdf.

3: O teste de personalidade IDISC

Para mais informações sobre a complexidade das funções controladas pelo cérebro, ver: Shannon Moffett, *The Three-Pound Enigma* (Nova York: Workman, 2006), Joseph LeDoux, *O cérebro emocional – os misteriosos alicerces da vida emocional* (Rio de Janeiro: Objetiva, 1998).

Para mais informações sobre a medição do funcionamento do coração, ver: Ricardo Oliveira et al., "Influence of Different Respiratory Maneuvers on Exercise-Induced Cardiac Vagal Inhibition", *European Journal of Applied Physiology*, 97, 5 (10 de junho de 2006): pp. 607-612.

Sobre o ato de consolidar mudanças comportamentais por meio de orientação ativa e objetiva, ver: Thomas L. Webb e Paschal Sheeran, "Does Changing Behavioral Intentions Engender Behavior Change? A Meta-Analysis of the Experimental Evidence", *Psychological Bulletin*, 132, 2 (2006): pp. 249-268.

Para o artigo sobre os perigos dos testes de personalidade, ver: Barbara Ehrenreich, "Boys Just Want to Have Fun", *Time*, 23 de julho de 2006.

Para o artigo publicado no *New York Times* sobre a atribuição equivocada da personalidade por parte do público a fatores genéticos de comportamento, ver: Amy Harmon, "That Wild Streak? Maybe It Runs in the Family", *New York Times*, 15 de junho de 2006.

4: Os 14 tipos de personalidade

Para saber mais sobre Shaquille O'Neal, ver: Shaquille O'Neal, *Shaq Talks*

Back (Nova York: St. Martin's, 2002) e Phil Jackson, *The Last Season: A Team in Search of Its Soul* (Nova York: Penguin, 2004).

Embora a maioria dos jogos da NBA seja realizada em estádios com capacidade para 20 mil a 30 mil pessoas, muitos foram disputados em locais que atraíam mais de 30 mil espectadores. Ver: Associated Press, "35,184 See Pistons Top Bucks", *New York Times*, 1º de abril de 1984, e "April 13, 1990 in History", *Brainy History*, www.brainyhistory.com/events/1900/april_13_1900_163460.html.

O relato de quando Bob Delaney, o árbitro da NBA, trabalhou infiltrado na máfia foi retirado do "NBA Half Time Report", exibido pela ABC durante o segundo jogo das finais entre os Dallas Mavericks e o Miami Heat. Para saber mais sobre essa história, ver: Chris Anderson, "Whistle-blower: Bob Delaney Goes from Undercover Cop to NBA Referee", *Sarasota Herald-Tribune*, 8 de março de 2006.

Johnny Carson é classificado como Aliado com base nos detalhes sobre sua vida fornecidos em: Ed McMahon, *Here's Johnny! My Memories of Johnny Carson, The Tonight Show, and 46 Years of Friendship* (Nashville: Rutledge, 2005) e Laurence Leamer, *King of the Night: The Life of Johnny Carson* (Nova York: Avon, 2005).

George Lucas é classificado como Arquiteto com base nas conversas com membros da Fundação Educacional George Lucas e nas informações disponíveis em: Dale Pollock, *Skywalking: The Life and Films of George Lucas* (Nova York: Da Capo, 1999), George Lucas e Sally Kline, *George Lucas: Interviews* (Jackson: University Press of Mississippi, 1999).

Minha descrição de Thomas Edison como Detetive se baseia em: Matthew Josephson, *Edison: A Biography* (Nova York: Wiley, 1992), e Paul Israel, *Edison: A Life of Invention* (Nova York: Wiley, 2000).

Minha descrição de Albert Einstein como Detetive é baseada na biografia definitiva de Abraham Pais sobre sua vida e obra: *Sutil é o Senhor – a ciência e a vida de Albert Einstein* (Rio de Janeiro: Nova Fronteira, 1995), e Roger Highfield e Paul Carter, *The Private Lives of Albert Einstein* (Boston: Faber & Faber, 1994).

Minha descrição de Sua Santidade, o Dalai-Lama, como Diplomata se baseia em seus livros: *O universo em um átomo – o encontro de ciência e espiritualidade* (Rio de Janeiro: Ediouro, 2006) e *A arte da felicidade – um manual para a vida* (São Paulo: Martins Fontes, 2003), escrito em coautoria com Howard C. Cutler.

Minha descrição de Bill Gates como Empreendedor se baseia em: Stephen Manes e Paul Andrews, *Gates: How Microsoft's Mogul Reinvented an Industry – and Made Himself the Richest Man in America* (Nova York: Touchstone, 1994) e *Bill Gates x Bill Gates – o pensamento do maior empreendedor do mundo* (Porto Alegre: Globo, 1999).

Minha descrição de Elvis Presley como Inovador se baseia em: Elaine Dundy, *Elvis and Gladys* (Nova York: St. Martin's, 2001), e Peter Guralnick, *Last Train to Memphis: The Rise of Elvis Presley* (Nova York: Back Bay, 1995).

Minha descrição de Pablo Picasso como Inovador se baseia em: Patrick O'Brian, *Picasso: A Biography* (Nova York: Norton, 1994).

Minha descrição de Oprah Winfrey como Mobilizadora se baseia em: Janet Lowe, *Oprah Winfrey Speaks* (Nova York: Wiley, 2001), e Bill Adler (org.), *The Uncommon Wisdom of Oprah Winfrey: A Portrait in Her Own Words* (Nova York: Carol, 1997).

Minha descrição de John F. Kennedy como Mobilizador se baseia em: Michael O'Brien, *John F. Kennedy: A Biography* (Nova York: St. Martin's,

2005), e no livro ganhador do prêmio Pulitzer do conselheiro particular de Kennedy, Arthur Schlesinger Jr. e David Sobel, *A Thousand Days: John F. Kennedy in the White House* (Nova York: Black Dog & Leventhal, 2005).

Minha descrição de Ronald Reagan como Motivador se baseia no livro do próprio, *An American Life: Ronald Reagan* (Nova York: Simon & Schuster, 1990), e em Dinesh D'Souza, *Ronald Reagan: How an Ordinary Man Became an Extraordinary Leader* (Nova York: Fireside, 1999).

Minha descrição de Jesse Jackson como Motivador se baseia em: Marshall Frady, *Jesse Jackson: A Biography* (Nova York: Random House, 1996).

Minha descrição de Teddy Roosevelt como Oportunista se baseia em: Kathleen Dalton, *Theodore Roosevelt: A Strenuous Life* (Nova York: Knopf, 2002) e H. W. Brands, *The Selected Letters of Theodore Roosevelt* (Whitestone, NY: Cooper Square, 2001).

Minha descrição de Henry Ford como Oportunista se baseia em: Anne Jardim, *The First Henry Ford: A Study in Personality and Business Leadership* (Cambridge, Massachusetts: Massachusetts Institute of Technology Press, 1970), e Richard Bak, *Henry and Edsel: The Creation of the Ford Empire* (Nova York: Wiley, 2003).

Minha descrição de Warren Buffett como Pesquisador se baseia em Amanda Cantrell, "Buffett Calls Wealth Giveaway 'Logical'", CNN.com, 26 de junho de 2006, e Bernard Ryan Jr., *Warren Buffett: Financier* (Nova York: Ferguson, 2005).

Minha descrição de Shaquille O'Neal como Relações-Públicas é baseada em seu livro *Shaq Talks Back: The Uncensored Word on My Life and Winning in the NBA* (Nova York: St. Martin's, 2001), e Matt Christopher e Glenn Stout, *On the Court with... Shaquille O'Neal* (Nova York: Little, Brown, 2003).

Epílogo: Seguindo adiante

Para mais informações sobre a criação da Mulher Maravilha por Marston, ver seu artigo: "Why 100,000,000 Americans Read Comics", *The American Scholar*, 13 (1994): pp. 35-44.

Apêndice A: Por dentro do IDISC

Os padrões de desenvolvimento e validação de testes, conforme estabelecidos pela Associação Americana de Psicologia, podem ser encontrados nos seus *Standards for Educational and Psychological Testing* (Washington D.C.: Associação Americana de Psicologia, 1999).

Para aprender mais sobre o modelo de personalidade DISC original, ver o livro de William Marston: *The Emotions of Normal People* (Nova York: Taylor & Francis, 1928).

Para um artigo que trata das concepções comuns da extensão das avaliações no trabalho, ver: D. A. Waldman, L. E. Atwater e D. Antioni, "Has 360 Feedback Gone Amok?", *The Academy of Management Executive*, 12 (1998): pp. 86-94.

Sobre o tamanho que uma avaliação deve ter para ser válida, ver: P. B. Sheatsley, "Questionnaire Construction and Item Writing". *In*: P. H. Rossi, J. D. Wright e A. B. Anderson (orgs.), *Handbook of Survey Research* (San Diego: Academic Press, 1983), pp. 195-230.

Apêndice B: Nos bastidores do estudo TalentSmart

Em 1904, o ministro da Educação da França, Alfred Binet, desenvolveu o primeiro teste de inteligência, que usou para distinguir os alunos brilhantes dos "preguiçosos". O teste consistia em 30 perguntas e o resultado era chamado de "idade mental". Um psicólogo de Stanford, Lewis Terman, cunhou o termo "QI" em 1914. Ele desenvolveu uma nova versão do teste que posteriormente foi utilizada pelo Exército americano para determinar a qualidade dos recrutas da Primeira Guerra Mundial. Um excelente resumo dessa série de acontecimentos pode ser encontrado no livro *The Intelligence of Men: Makers of the IQ Controversy*, de Raymond Fancher (Nova York: Norton, 1985).

O componente que faltava aos cálculos de inteligência foi primeiramente reconhecido como "inteligência social" por E. L. Thorndike em "Intelligence and Its Uses", *Harper's*, 140 (1920): pp. 227-335.

Para saber mais sobre a imprevisibilidade do QI, do QE e da personalidade e a falta de correlação entre essas faculdades, ver: Melissa Graves, "Emotional Intelligence, General Intelligence, and Personality: Assessing the Construct Validity of an Emotional Intelligence Test Using Structural Equation Modeling" (tese de doutorado não publicada, San Diego, California School of Professional Psychology, 1999).

O primeiro estudo a usar o termo "inteligência emocional" foi a tese de doutorado de W. L. Payne, "A Study of Emotion: Developing Emotional Intelligence: Self-Integration; Relating to Fear, Pain and Desire" (Cincinnati: The Union Institute, 1988).

Para a incapacidade do QI de predizer o sucesso na vida e a ineficiência de se calcular e utilizar a inteligência cognitiva das pessoas para ajudá-las a aprender e se aprimorar, ver: George Vaillant, *Adaptation to Life* (Boston: Little, Brown, 1997), e Howard Gardner, *Estruturas da mente – a teoria das inteligências múltiplas* (Porto Alegre: Artmed, 1994).

Para mais informações sobre a Avaliação da Inteligência Emocional, ver: Travis Bradberry e Jean Graves, *Desenvolva a sua inteligência emocional:*

tudo o que você precisa saber para aumentar o seu Q.E. (Rio de Janeiro: Sextante, 2007).

Sobre validade aparente, ver: Robert F. Bornstein, "Face Validity in Psychological Assessment: Implications for a Unified Model of Validity", *American Psychologist*, 51 (1996): pp. 983-984.

Agradecimentos

A pesquisa que fundamenta este livro é resultado do tremendo esforço da brilhante e dedicada equipe de cientistas comportamentais do TalentSmart. Sou extremamente grato pela oportunidade de escrever sobre essas descobertas, e isso não teria sido possível sem o tempo, a energia e a incansável dedicação destas pessoas. Elas fizeram tudo valer a pena. Em especial, gostaria de registrar a liderança e a dedicação de Lac Su, Jean Riley, Tanya Goodwin-Maslach, Alexandria Herrera e Nick Tasler. Em nome de todos do TalentSmart, agradeço especialmente a Yufan Chen, extraordinário programador, e a sua talentosa equipe de codificadores, engenheiros de rede e pensadores. Não teríamos tido nenhum progresso sem esse pessoal que vira a noite trabalhando. Também agradeço a Jean Graves por ser uma maravilhosa sócia, mentora e amiga. Devemos muito às pessoas que participaram da nossa pesquisa e nos deixaram entrar em suas vidas durante a década passada e admiramos a boa vontade delas em se abrirem em nome do aprendizado e das descobertas científicas.

Agradeço a Michele Tarlo e a toda a equipe da CruxCreative.com. Mais uma vez, vocês superaram minhas mais ousadas expectativas ao criar um visual fabuloso e cheio de sinergia e ao *nunca* furar um prazo.

Um obrigado de coração para John Duff, da Putnam, por apoiar este projeto e oferecer uma orientação editorial meticulosa e perspicaz. Nosso trabalho juntos neste livro é a prova viva de que um Empreendedor e um Diplomata podem aliar seus esforços com sinergia e harmonia. Obrigado também às assistentes editoriais Jeanette Shaw e Summer Smith; à equipe de publicidade; a Amy C. King, pelo design da sobrecapa; a Nicole LaRoche, pelo design do miolo; a Leda Scheintaub, pelo preparo de originais, e a toda a equipe da Putnam que fez este livro se tornar realidade.

Sou grato às seguintes pessoas por terem oferecido um feedback inestimável que aperfeiçoou versões anteriores do manuscrito deste livro, do Teste de Personalidade IDISC e do conteúdo explorado em ambos: Paul Brooks, Matt e Kelly Baier, Josh Feder, Kirsti e Mel Senac, Sommer Kerhli, Michael Schmidt, Michele Tarlo, Bruce Evans, Jeff Cohen, Tracey Gunner, Elise Freemont, Stacy Ramirez, Lac Su, Tanya Goodwin-Maslach, Nick e Alison Tasler, Jean Riley, Alexandria Herrera, Jean Greaves, Cathy Hemming, Julia Serebrinsky, George Grant, Monica Saare, Leslie Wilson, Shira Oretzky, Jenny Tsoulos, Scott Harris, Isabel Peraza, Humberto Peraza Jr., Les Brown, Bob Maslach e Angelica Barragan. Como escritor, não se vai além do que se consegue colocar no papel e precisa-se de pessoas que se dediquem a ler seu trabalho e refletir sobre ele para aperfeiçoá-lo. Tive a oportunidade de receber essa ajuda dos seguintes indivíduos, aos quais agradeço pelo tempo que devotaram a mim e por apoiarem meu trabalho: Sua Santidade, o Dalai-Lama, Ken Blanchard, Stephen Covey, Patrick Lencioni, Lois Frankel, Matt Olmstead, capitão Michael D. Abrashoff, Joseph Grenny, Jim Loehr, Brian Tracy, Dra. Beverly Kaye e Marshall Goldsmith.

Um grande obrigado a meu agente, Steve Hanselman, e à equipe da LevelFiveMedia por apoiar este livro desde o início e se empenhar tanto para encontrar a editora adequada para ele. Agradeço sinceramente a disposição de Steve para trabalhar comigo por tanto tempo e dividir sua rica experiência em transformar boas ideias em ótimos livros.

Um último agradecimento vai para minha esposa maravilhosa por apoiar minha insaciável pretensão de escritor. Horários irregulares, cafeína e ideias volúveis são as ferramentas de um ofício que exige um alto grau de verdadeira empatia para se tolerar, isso sem falar na necessidade de tomar conta da pessoa envolvida nele. Não sei como, mas você conseguiu, e agradeço muito por isso. Amo você.

Conheça outros títulos da Editora Sextante

Pare de se sabotar e dê a volta por cima

Flip Flippen

O ponto de partida para o verdadeiro sucesso é o autoconhecimento: quando você conhece a si mesmo, pode compreender melhor as características de sua personalidade e identificar suas limitações. É fundamental saber quais são seus pontos fracos, pois só assim é possível superá-los e transformá-los em qualidades que o levem a atingir o máximo de seu potencial.

Descobrir os traços de personalidade que mais atrapalham a sua vida é o primeiro passo do programa de superação das limitações pessoais desenvolvido por Flippen. O segundo é elaborar um plano de ação e assumir um compromisso com o sucesso, adotando medidas práticas para transformar comportamentos negativos em atitudes positivas capazes de alavancar sua carreira e trazer benefícios para sua vida pessoal.

Descubra seus pontos fortes

Marcus Buckingham e Donald O. Clifton

A maioria das empresas dá pouca ou nenhuma atenção aos pontos fortes de seus funcionários. Preferem investir tempo e dinheiro na tarefa ingrata de corrigir suas fraquezas, achando que desse modo as pessoas atingirão a excelência. Porém, em pesquisa realizada por Marcus Buckingham e Donald O. Clifton, descobriu-se que os profissionais bem-sucedidos compartilham um segredo simples, mas poderoso: usam suas energias para aprimorar aquilo que fazem melhor, deixando seus pontos fracos em segundo plano. E, assim, tornam-se cada vez mais competentes, produtivos e felizes.

Para ajudar você a descobrir quais são e como aprimorar seus talentos e os de seus colaboradores, esse livro traz um programa completo em torno do teste *Descubra a Fonte de seus Pontos Fortes*, que você também poderá fazer pela internet para descobrir seus cinco talentos dominantes.

Desvendando os segredos da linguagem corporal

Allan e Barbara Pease

Um gesto vale mais do que mil palavras. Provavelmente você já ouviu esta frase, mas talvez não tenha se dado conta de como ela é verdadeira. Em *Desvendando os segredos da linguagem corporal*, Allan e Barbara Pease esclarecem que 93% da comunicação humana é feita através de expressões faciais e movimentos do corpo.

Quando aprendemos a prestar atenção em nossa linguagem corporal e a interpretar corretamente a dos outros, passamos a ter maior controle sobre as situações, pois podemos identificar sinais de abertura, de tédio, de atração ou de rivalidade e agir de forma adequada aos nossos objetivos. Esse guia fundamental ensina como melhorar os relacionamentos, aumentando nossa capacidade de comunicação e de entendimento com as pessoas.

O monge e o executivo

James C. Hunter

Você está convidado a juntar-se a um grupo que durante uma semana vai estudar com um dos maiores especialistas em liderança dos Estados Unidos. Leonard Hoffman, um famoso empresário que abandonou sua brilhante carreira para se tornar monge em um mosteiro beneditino, é o personagem central dessa envolvente história criada por James C. Hunter para ensinar de forma clara e agradável os princípios fundamentais dos verdadeiros líderes.

Se você tem dificuldade em fazer com que sua equipe dê o melhor de si no trabalho e gostaria de se relacionar melhor com sua família e seus amigos, vai encontrar nesse livro personagens, ideias e discussões que vão abrir um novo horizonte em sua forma de lidar com os outros. É impossível ler esse livro sem sair transformado.

Conheça os 50 Clássicos da Editora Sextante

Espiritualidade/Inspiração
A cabana, de William P. Young
Muitas vidas, muitos mestres, de Brian Weiss
Jesus, o maior psicólogo que já existiu, de Mark W. Baker
Conversando com os espíritos, de James Van Praagh
A última grande lição, de Mitch Albom
O Mestre dos Mestres, de Augusto Cury
O Poder do Agora, de Eckhart Tolle

Negócios
O monge e o executivo, de James C. Hunter
Como se tornar um líder servidor, de James C. Hunter
Jesus, o maior líder que já existiu, de Laurie Beth Jones
O ócio criativo, de Domenico De Masi
Faça o que tem de ser feito, de Bob Nelson
A hora da verdade, de Jan Carlzon
Transformando suor em ouro, de Bernardinho

Ficção
O Código Da Vinci, de Dan Brown
Ponto de Impacto, de Dan Brown
Anjos e Demônios, de Dan Brown
Fortaleza Digital, de Dan Brown
As cinco pessoas que você encontra no céu, de Mitch Albom
O guardião de memórias, de Kim Edwards
A conspiração franciscana, de John Sack

Livros de bolso
Dez leis para ser feliz, de Augusto Cury
Seja líder de si mesmo, de Augusto Cury
Você é insubstituível, de Augusto Cury
Palavras de sabedoria, de Sua Santidade, o Dalai-Lama
A vida é bela, de Dominique Glocheux
Filtro solar, de Mary Schmich

Posso conseguir o que desejo, de Iyanla Vanzant
Quem acredita sempre alcança, de Peter McWilliams

Autoajuda
Por que os homens fazem sexo e as mulheres fazem amor?, de Allan e Barbara Pease
Desvendando os segredos da linguagem corporal, de Allan e Barbara Pease
Por que os homens mentem e as mulheres choram?, de Allan e Barbara Pease
Nunca desista de seus sonhos, de Augusto Cury
Pais brilhantes, professores fascinantes, de Augusto Cury
Não leve a vida tão a sério, de Hugh Prather
Mantenha o seu cérebro vivo, de Laurence Katz e Manning Rubin
A Boa Sorte, de Álex Rovira Celma e Fernando Trías de Bes
Enquanto o amor não vem, de Iyanla Vanzant
O poder da paciência, de M. J. Ryan
Os segredos da mente milionária, de Harv T. Ecker

Coleção *Você S.A.*
Aprendendo a lidar com pessoas difíceis, de Rick Brinkman e Rick Kirschner
Como administrar seu tempo, de Marc Mancini
Como motivar sua equipe, de Anne Bruce

Coleção *Autoestima*
O poder das afirmações positivas, de Louise Hay
Histórias para aquecer o coração, de Jack Canfield e Mark Victor Hansen
Lições sobre amar e viver, de Morrie Schwartz

Referência
1001 filmes para ver antes de morrer, de Steven Jay Schneider
1001 discos para ouvir antes de morrer, de Robert Dimery
1001 vinhos para beber antes de morrer, de Neil Beckett
1.000 lugares para conhecer antes de morrer, de Patricia Schultz

A.A.

INFORMAÇÕES SOBRE OS PRÓXIMOS LANÇAMENTOS

Para receber informações sobre os lançamentos da Editora Sextante, basta cadastrar-se diretamente no site www.sextante.com.br

Para saber mais sobre nossos títulos e autores, e enviar seus comentários sobre este livro, visite o nosso site: www.sextante.com.br ou mande um e-mail para atendimento@esextante.com.br

Editora Sextante
Rua Voluntários da Pátria, 45 / 1.404 – Botafogo
Rio de Janeiro – RJ – 22270-000 – Brasil
Telefone: (21) 2538-4100 – Fax: (21) 2286-9244
E-mail: atendimento@esextante.com.br